"十四五"高等职业教育专业核心课程新形态教材·汽车类

汽车商务礼仪

主编 张 慧

西安交通大学出版社
XI'AN JIAOTONG UNIVERSITY PRESS

图书在版编目(CIP)数据

汽车商务礼仪 / 张慧主编. —西安：西安交通大学出版社，2023.3(2024.7重印)
ISBN 978-7-5693-2074-9

Ⅰ.①汽… Ⅱ.①张… Ⅲ.①汽车-商务-礼仪 Ⅳ.①F766

中国国家版本馆 CIP 数据核字(2023)第 023634 号

书　　名	汽车商务礼仪 QICHE SHANGWU LIYI
主　　编	张　慧
策划编辑	李　佳
责任编辑	李　佳
责任校对	王　娜
出版发行	西安交通大学出版社 (西安市兴庆南路 1 号　邮政编码 710048)
网　　址	http://www.xjtupress.com
电　　话	(029)82668357　82667874(市场营销中心) (029)82668315(总编办)
传　　真	(029)82668280
印　　刷	陕西奇彩印务有限责任公司
开　　本	787 mm×1092 mm　1/16　印张 9.875　字数 199 千字
版次印次	2023 年 4 月第 1 版　2024 年 7 月第 2 次印刷
书　　号	ISBN 978-7-5693-2074-9
定　　价	29.80 元

如发现印装质量问题，请与本社市场营销中心联系。
订购热线：(029)82665248　(029)82667874
投稿热线：(029)82668818
读者信箱：19773706@qq.com

版权所有　侵权必究

前 言

汽车商务礼仪是汽车服务人员在职业岗位中应遵循的行为规范和准则,是个人整体素养和精神风貌的外在表现,也是汽车企业形象及企业文化的内在体现。在进行汽车服务的过程中,适宜的商务礼仪能提高客户的满意度,赢得客户更多的尊重和信任,使整个服务过程更加顺利和圆满。

本书立足于高等职业教育的特点以及汽车企业对人才培养的需求,结合汽车企业的职业礼仪规范,采用项目式教学,从汽车服务人员应有的职业道德、职业形象和职业能力等方面出发,介绍汽车服务人员在接待客户的过程中应遵循的基本行为准则,让学生通过学习能全面了解和掌握汽车商务礼仪。

本书基于实际工作岗位中职业能力的培养,在项目引领下,让学生在完成具体项目的过程中学会完成相应工作任务,并构建相关理论知识,发展自身的职业能力。具体编写特点如下。

1. 结合岗位任务,突出重点

本书根据岗位工作任务分析所涵盖的工作任务与职业能力要求,采用项目式教学的方法编排内容,共设置七个教学项目:汽车商务礼仪认知、塑造职业形象、打造服务仪态、电话礼仪、销售接待礼仪、售后服务礼仪和汽车会展礼仪等。每个项目又分解成若干个教学任务,每个教学任务中采用案例导入→知识链接→案例分析→实战演练的教学思路,首先用案例激发学生的学习兴趣,增加教学的趣味性;然后围绕案例讲解相关商务礼仪知识;接着结合所讲知识对案例进行剖析;最后通过模拟工作情境进行实操练习,以培养学生综合应用知识和技能的能力,从而有效地完成汽车岗位相应的工作任务。

2. 以案例引领理论,加深认识

本书在编写的过程中,搜集了大量实际工作中的案例,这些案例全部取材于实际工作中可能发生和已经发生的素材,并在书中以"想一想"的形式进行提问,引导和激发读者的思考,不仅可以增加本书的可读性、生动性、真实性和拓展性,还可以增加课堂的互动性,提高教学的实效性。

3. 采用图文结合形式,做到学以致用

书中采用图文结合的讲解方式,包含大量实际操作过程中的照片,还有许多相关视频可扫描二维码观看。这种形式避免了长篇大论的乏味教学方式,能有效地吸引学生的注意力,调动学生的积极性,对学生迅速掌握理论知识和操作技能起到了良好的启发、指导和参考作用。

本书可作为职业院校汽车相关专业学生的教学用书,也可作为汽车岗位培训教材。本书在编写过程中参考了一些相关资料,在此对这些资料的作者表示衷心的感谢。由于作者水平有限,本书难免有不妥之处,欢迎广大读者批评指正。

编 者

2023 年 3 月

目 录

项目一　汽车商务礼仪认知 ······································· 1
　　任务一　汽车商务礼仪的内涵及特点 ································ 2
　　任务二　汽车商务礼仪的功能和原则 ································ 3
　　任务三　汽车服务人员的职业礼仪要求 ······························ 4

项目二　塑造职业形象 ··· 9
　　任务一　职业着装 ··· 9
　　任务二　仪容仪表修饰 ·· 17

项目三　打造服务仪态 ··· 23
　　任务一　职业仪态 ·· 23
　　任务二　社交礼仪 ·· 38

项目四　电话礼仪 ·· 55
　　任务一　电话接听礼仪 ·· 55
　　任务二　电话邀约礼仪 ·· 61
　　任务三　电话回访礼仪 ·· 71
　　任务四　投诉电话处理技巧 ·· 79

项目五　销售接待礼仪 ··· 89
　　任务一　迎接客户礼仪 ·· 89
　　任务二　洽谈礼仪 ·· 95
　　任务三　环车介绍礼仪 ··· 104
　　任务四　新车交付礼仪 ··· 113

项目六　售后服务礼仪 ·· 118
　　任务一　客户接待礼仪 ··· 118
　　任务二　环车检查礼仪 ··· 124
　　任务三　报价与交车礼仪 ··· 132

项目七　汽车会展礼仪 ………………………………………………………… 140
　　任务一　汽车展览会的认知 …………………………………………… 141
　　任务二　汽车会展筹备礼仪 …………………………………………… 143
　　任务三　汽车会展策划与实施礼仪 …………………………………… 146
参考文献 ………………………………………………………………………… 151

项目一　汽车商务礼仪认知

学习目标

1. 知识目标

(1)了解汽车商务礼仪的内涵及特点。

(2)掌握汽车商务礼仪的功能和原则。

(3)熟悉汽车服务人员的职业礼仪要求。

2. 技能目标

(1)能够在汽车商务活动中,熟练应用汽车商务礼仪基本原则。

(2)能够自觉遵守汽车服务人员的职业礼仪要求。

3. 素质目标

(1)培养学生良好的职业素养。

(2)让学生养成遵守职业礼仪的习惯。

案例导入

指导老师带领一批应届毕业生共12人,到某大型汽车企业参观学习。全体学生坐在会议室里等待企业人事部部长的到来,这时有一位接待人员给大家一一倒水,同学们看着她忙碌没有什么反应。李青看着有点别扭,轮到他时,他轻声说:"谢谢,您辛苦了。"接待人员抬起头笑着回应道:"不客气!"

门开了,人事部部长走进来和大家打招呼,大家左右看了看,没有一个人回应,这时李青带头鼓起了掌,同学们也跟着拍起了手。部长挥了挥手:"欢迎同学们到这里来参观。王秘书,请你去将纪念手册拿过来送给同学们。"接下来,更尴尬的事情发生了,发手册时,大家都坐在那里,很随意地用一只手接过部长双手递过来的手册。部长脸色越来越难看,来到李青面前时,李青非常礼貌地站起来,身体微倾,双手握住手册,恭敬地说了一声:"谢谢您!"部长闻听此言,不觉眼前一亮,伸手拍了拍李青的肩膀:"你叫什么名字?"李青照实回答,部长微笑着点了点头。

两个月后,同学们各奔东西,李青的去向栏里赫然写着上次去参观的大型车企。有几位同学颇感不满,找到指导老师:"李青的学习成绩并不如我们,凭什么推荐他而不推荐我们?"指导老师看着他们,语重心长地说道:"是人家点名来要的。你们要明白一个道理,在社会这个大课堂中,学习成绩不是全部,企业更看重的是一个人的职业素养。"

想一想:为什么李青能得到企业的青睐?我们应如何提高自己的职业素养?

任务一 汽车商务礼仪的内涵及特点

一、汽车商务礼仪的内涵

中国是礼仪之邦,厚德载物、以礼待人等都是对古今礼仪的最好诠释。礼仪对每个中国人来说都是非常重要的,无论是会见亲朋好友或者是在人与人打交道时,都离不开礼仪。

1. 礼仪

礼仪,实际上是由一系列具体表现礼貌的礼节构成的,它是对礼节、仪式的统称。礼仪被认为是一个人道德修养的表现,它是源自内心的,是真心关心别人,在意他人的自尊与感受,发自内心且表现出来的待人处事的方式。孔夫子曾说过:"不学礼,无以立。"就是说一个人要有所成就,就必须从学礼开始。通过学习礼仪可以获得专业、可信、优雅的形象,自信、自然、不卑不亢的态度,懂得如何尊重和理解别人,懂得如何展示自身的魅力,并获得认可,因此礼仪不仅仅是取得成功的手段,更是通向成功的桥梁。

2. 商务礼仪

如今随着经济的发展,商务往来增多,如何让自己在众多同行从业者中脱颖而出,除了需要卓越的专业能力外,还需要拥有较强的沟通能力和融洽的人际关系,树立起良好的个人形象,这时商务礼仪便起到了十分重要的作用。商务礼仪顾名思义就是在商务活动中对人的仪容仪表和言谈举止的基本要求,好的商务礼仪在人际交往中能够给人一种亲和力,增进吸引力和情感交流,增强信任和了解。

3. 汽车商务礼仪

汽车商务礼仪指在汽车商务活动中,为了体现相互尊重,需要通过一些行为准则约束人们在汽车商务活动中的行为规范,包括形象礼仪、仪态礼仪、沟通礼仪、接待礼仪和服务礼仪等方面。汽车服务人员通过语言、表情、行为、习惯等方面的训练,能够提高自身的素养,给初次见面的客户留下良好的第一印象,取得客户的好感、尊重与信任,从而带来更多的商机,提升职业竞争力。

二、汽车商务礼仪的特点

在各种汽车商务活动中,汽车商务礼仪一般具有普遍性、规范性、时代性、地域性和效益性等特点。

1. 普遍性

汽车商务礼仪是在汽车商务活动领域内被人们共同认可和普遍遵守的一些规则,且在世界范围内是通用和默认的,如微笑、握手、交换名片等。

2. 规范性

汽车商务礼仪对人们在汽车商务活动中的言行举止确立了相应的标准,其表现形式具有一定的规范性,人们按照这种形式进行规范着装、言谈和行动,就能够在汽车商务场合中表现得适宜得体、有礼有节。

3. 时代性

汽车商务礼仪不是一成不变的,它会随着时代和汽车行业的发展而不断被赋予新的内容。在当前快节奏的经济生活环境下,现代汽车商务礼仪已经向简捷、务实的方向发展,因此,我们也要与时俱进,不断学习和适应新的汽车商务礼仪模式。

4. 地域性

不同文化背景下的汽车商务礼仪在内容和形式上存在一定的差异。例如,不同国家或地区的人,其问候致意的形式不同,有的脱帽点头致意,有的手抚胸口致意,有的握手致意等,我们应充分尊重对方的风俗习惯,避免产生误会,从而赢得对方的信任。

5. 效益性

汽车商务礼仪能够协调个人或组织与商务合作对象之间的关系,加强合作双方的联系、深化彼此间的互信,积极推动合作项目的早日落地,促进合作项目的顺利完成,实现互利共赢,从而进一步提升经济效益。

任务二　汽车商务礼仪的功能和原则

一、汽车商务礼仪的功能

1. 规范行为

在汽车商务活动中,礼仪最基本的功能就是规范人们的各种行为,人们相互影响、相互交流,如果不遵循一定的规范,双方就会缺乏商务协作的基础。汽车商务礼仪可以让汽车服务人员懂得什么应该做,什么不应该做,什么可以做,什么不可以做,展现出良好的行为规范,尊重客户,同时也赢得客户的尊重。

2. 传递信息

汽车商务礼仪可以传递一种信息,通过这种信息可以表达出对客户的尊敬、友善和真诚,使客户感受到宾至如归。在汽车商务活动中,通过恰当的汽车商务礼仪可以获得客户的好感与信任,有助于事业的发展。

3. 增进感情

在汽车商务活动中,随着汽车服务人员和客户之间沟通交流的深入,双方都会产生一定的情绪体验。它表现为两种情感状态:一种是情感共鸣,另一种是情感排斥。良好的汽车商务礼仪能使双方互相吸引,增进感情,建立和发展良好的人际关系。反之,如果不遵守汽车商务礼仪,就容易让客户产生情感排斥,造成人际关系紧张,导致商务合作的失败。

4. 树立形象

现代汽车市场竞争非常激烈,除了产品竞争外,更注重的是形象竞争。一个拥有良好形象的公司,一定会获得广大客户群体的信任和支持,并在激烈的竞争中立于不败之地。所以,汽车服务人员应该时刻保持良好的汽车商务礼仪,在体现个人良好职业素养的同时,也树立起公司的良好形象。

二、汽车商务礼仪的原则

1. 学会接受客户

所谓接受客户就是汽车服务人员在与客户交流时,要能够接受批评和反对意见,如果不是原则问题或者大是大非问题,就要保持客户至上的理念:客户永远是正确的,客户没有错。

2. 学会欣赏客户

对客户表示欣赏切忌逢场作戏或假意奉承。真正的欣赏,是发自内心、心口如一的夸奖,是对客户优点的肯定与认可。比如在接过客户名片后,认真观看并默读,并对客户的职业或职位表示赞赏,这些都是欣赏的表现。

3. 学会赞美客户

想要赞美客户,一定要找到具体的赞美点,不能含含糊糊,否则客户会认为你是在敷衍、拍马屁。赞扬客户要及时,对于客户好的一面,不要吝啬自己的赞美,要及时将自己的赞美表达出来。

任务三 汽车服务人员的职业礼仪要求

一、职业道德

职业道德通常意义上是指从事具体职业的人,在工作岗位上必须遵循的与职业活动紧密联系的行为准则。汽车服务岗位中的职业道德具体是指对汽车服务人员在思想品质、服务意识、职业修养等方面的规范化要求。

1. 思想品质

汽车服务人员要做好本职工作，就要在思想上热爱祖国、热爱社会、热爱本职工作，在工作中处处高标准、严要求，爱岗敬业，忠于职守。

2. 服务意识

服务意识是指在工作职责范围内为消费者提供主动、周全服务的能力，包含观察能力、同理心及协调能力等。

1）观察能力

在汽车服务工作中，观察能力是主动寻找服务项目的前提条件，汽车服务人员在与客户的交流中，通过观察客户言谈举止中流露出的信息，分析对方的喜好和心态，为客户提供细致、周到、贴心的服务。

2）同理心

同理心是指理解客户感受的能力，汽车服务人员能够在任何情况下都第一时间站在客户的角度和立场上考虑问题。在提供汽车服务的过程中，汽车服务人员能够敏锐地感受到客户的各种情绪，并及时地提供相应的共情和安抚。

3）协调能力

协调能力可被理解为处理问题的能力。例如，在汽车服务过程中，汽车服务人员对于客户提出的汽车降价方面的要求，可以通过赠送随车礼品或售后保养券等方式进行协调。

3. 职业素养

职业素养是指汽车服务人员在工作岗位上通过一定时间的锻炼，在思想上、业务上能达到较高的水准，待人接物时，能养成乐观上进、和善亲切、谦虚随和、理解宽容、热情诚恳、诚实守信等优良的工作品质和工作态度。

二、职业形象

良好的职业形象是尊重客户的表现，也是专业性、权威性的外在表现。作为一名汽车服务人员，端庄大方的仪容、干净整洁的仪表、从容得体的仪态不仅能够体现自身良好的修养和独到的品位，还能展示公司良好的企业文化和精神风貌。

汽车服务是直接面对客户的窗口岗位，窗口服务应遵循两分钟原则，其中一分钟让客户了解你是谁，另外一分钟让客户喜欢你。优秀的第一印象是进行汽车服务工作的良好开端。

1. 干净清新的仪容仪表

仪容仪表礼仪是塑造职业形象的基本要求之一。干净清新的仪容仪表是指通过修饰打扮实现服装、发型、妆容和形体之间的和谐之美，也是内在美的外在体现，由内而外体现出来的美才能展现出一个汽车服务人员的本质之美。

2. 标准得体的职业仪态

仪态又被称为体态语,是指人们在交际活动中通过举止所表现出来的姿态和风度,不同的仪态可以传递出人们不同的精神状态和文化教养。标准得体的职业仪态是表现汽车服务人员职业素养的一面镜子,也是构成其外在美的主要因素。

3. 良好顺畅的沟通礼仪

沟通礼仪是人际交往、生活以及工作中必备的技能。良好顺畅的沟通礼仪有助于帮助交流双方更好地实现信息共享和沟通,改善人们之间的交际关系。

汽车服务人员在汽车服务的过程中展现出良好的沟通礼仪,不仅能赢得客户的好感,而且能够全面提升自身的能力,在职场中获得更好的职业发展。

4. 热情诚恳的接待礼仪

接待礼仪最直观地代表着汽车服务人员的个人素质,也代表着所在公司的形象,客户会通过汽车服务人员的个人素质来评价公司的优劣。

热情诚恳的接待礼仪是体现汽车服务人员职业素养的重要方面,接待服务是给客户留下良好第一印象的重要工作,可以为下一步与客户深入接触打下良好基础。

5. 细致周到的服务礼仪

细致周到的服务礼仪也是体现汽车服务人员职业素养的重要方面,汽车服务人员在服务客户时要遵循以下四个原则。

1)真诚原则

服务是表达情感与态度的具体行为,汽车服务人员在服务过程中应做到表里如一,服务客户的言行应该是发自内心真诚而自然的表露。

2)一致原则

对待客户应一视同仁,不计较客户身份的高低、要求的多少、言语的轻重和态度的好坏,坚持服务质量的前后一致性原则,全过程的服务标准保持始终如一,对每一位客户都提供主动、周到、耐心的服务。

3)适宜原则

在汽车服务的过程中,汽车服务人员应坚持因时因地、因人因事的适宜原则。例如,根据客户不同的性别、年龄、身份和职业等特征,使用恰当的称呼;根据客户的需求,推荐最适合客户的汽车服务项目。只有采用适宜原则才能真正体现汽车服务礼仪中包含的基本要素,即对客户的礼貌、尊敬和友好。

4)主动原则

在汽车服务过程中,汽车服务人员的服务行为和服务态度应该做到热情主动,即主动问候、主动询问来意、主动了解需求、主动解决问题,让客户通过接受服务顺利达到自己的目的,满意而归。

三、职业能力

1. 培养个人素养

汽车服务人员在平时的生活中应注意培养广泛的兴趣爱好,如体育、旅游、财经、时尚、美容、购物、游戏等,注意关心时事、了解时尚话题,注重各领域知识的综合积累,这样可以更加方便地找到与客户共同感兴趣的话题,一方面能迅速拉近与客户的距离,另一方面也有助于更好地了解和理解客户的需求,从而能有针对性地与客户进行沟通交流。

2. 累积产品专业知识

作为一名汽车服务人员,应该对所在公司汽车品牌的历史、定位和市场表现有所了解,熟悉公司品牌下各款车型的特点和配置,掌握最新的车型信息和发展趋势,同时熟悉竞争对手品牌和产品的优劣势及发展情况。只有具备汽车专业知识,才能在汽车相关项目服务的过程中更加专业且准确地为客户服务。因此,实现高效服务是汽车行业中专业技能与职业素养的集中体现,是现代汽车服务人员应具备的核心竞争力。

3. 沟通交流能力

汽车服务人员在与客户沟通交流时,应做到以下几点。

1)保持真诚的态度

让客户感受到你的诚意,与客户之间保持平等的关系,切忌让客户产生被轻视和被怠慢的感觉。

2)主动交流兴趣爱好

通过观察和聊天,找到客户的兴趣爱好,以此为切入点,投其所好,及时交流和分享心得,可以迅速拉近与客户的关系。

3)学会倾听

在与客户交流的过程中,不要急于提出自己的见解,要花时间多听客户的想法和需求,然后站在客户的立场上,根据客户的基本需求和实际情况,针对性地提出富有建设性、中肯的建议和性价比高的汽车项目服务方案。

案例分析

在机会面前,所有人都是平等的,机会永远只会留给有准备的人。礼仪看起来是很容易做的一件事情,但也是很容易被忽视的一件事情,它需要我们时刻警醒,从身边的每一件小事做起,让礼仪成为我们日常的行为习惯。

李青之所以能得到企业的青睐,主要是因为他在平时的为人处世中,懂得以礼待人这个道理。李青的礼貌使接待人员感到温暖,使快要失去耐心的人事部部长"眼前一亮"。李青用简单的行为赢得了宝贵的入职机会,有些人可能认为它是偶然发生的,其实它是必然发生的,正因为李青平时注意磨炼自己的个人修养,有意识地培养自己的职业素养,才能在见面会上非常自然地表现出与其他同学不一样的言行举止。这个案例充分说明了礼仪的力量。

❈ 实战演练

1. 情景模拟

自行设计汽车4S店不同岗位上的接待工作场景,例如4S店接待前台、汽车销售服务岗位、汽车售后服务岗位、购置车辆保险岗位、车辆出险评估岗位、二手车评估岗位等,自由发挥,初步理解和认识汽车商务礼仪的基本形式和内容。

2. 演练内容

(1)学生以小组为单位,选出小组长,由小组长组织小组成员进行情景演练、讨论、评价和学习。

(2)每个小组按照上述不同情景进行演练,通过演练展现自己所具备的职业礼仪水平。

3. 检查与评估

(1)由教师指定一个情景,每组派出组员进行该情景的演练成果展示。

(2)在班级中进行评比并排列名次,记入平时成绩。

(3)由教师点评每组同学的表现,对优点提出表扬,对存在的共性问题进行讲解和总结。

项目二　塑造职业形象

学习目标

1. 知识目标

(1)了解塑造职业形象的基本要求。

(2)掌握职业着装的具体要求。

(3)熟悉仪容仪表修饰的要求和方法。

2. 技能目标

(1)能够在工作场合恰当地展现职业形象。

(2)能够按职业规范要求主动自查仪容仪表。

(3)能够做到着装端庄稳重,仪容仪表落落大方。

3. 素质目标

(1)培养学生塑造良好职业形象的意识。

(2)让学生养成遵守职业规范的习惯。

任务一　职业着装

丝巾和领带打法视频

案例导入

国内一家效益很好的大型汽车企业的总经理余韬,经过多方努力和上级有关部门的牵线搭桥终于使德国一家著名的电子公司董事长同意与自己的企业洽谈合作事宜。谈判当天为了给对方留下精明强干、时尚新潮、充满活力的好印象,余韬特别购置了一套休闲服,上身一件白色T恤衫,下身一条浅蓝色牛仔裤,脚蹬一双白色旅游鞋,浑身上下充满年轻人的朝气。当他精神抖擞、兴致勃勃地带着秘书出现在对方面前时,西装革履的德方董事长及随行人员非常不解地上下打量了他一会儿,露出了不满的神情,摇摇头转身离开了,这次合作还没开始就结束了⋯⋯

想一想:是什么原因导致这次跨国商业合作还没开始就结束了?

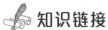 **知识链接**

汽车服务人员的职业形象是否得体规范,既体现了个人修养,也体现了企业形象。塑造良好的职业形象不但是汽车服务人员自身的一项基本素质,也反映了其所在汽车公司的管理水平。在汽车商务服务中,汽车服务人员的形象直接影响到客户对自己的第一印象和内心接纳度。

一、职业着装要点

1. 男士着装要点

(1)穿着深色西服套装、白色衬衣和黑色皮鞋。

(2)保持服装整洁、熨烫平整。

(3)衣袋不放杂物,上衣口袋不插笔或名片。

(4)皮鞋保持干净光亮。

(5)男士穿西装时要搭配领带,如图 2-1-1 所示。

2. 女士着装要点

(1)穿着深色西服套裙或西服套装、白色衬衣和黑色皮鞋。

(2)保持服装整洁、熨烫平整。

(3)衣袋不乱放杂物。

(4)皮鞋保持干净光亮。

(5)女士穿西装时要搭配领结或丝巾,如图 2-1-2 所示。

图 2-1-1　男士着装　　　图 2-1-2　女士着装

二、男士着装与装饰

在汽车商务场合中,男士着装第一要素就是要给人整洁、清爽、干净的感觉,并非一定要高档华贵,但必须保持清洁,熨烫平整,这样才能显得大方得体,精神焕发,诚信干练。

1. 男士西装穿着

在汽车商务场合,男士通常宜穿成套西装,并搭配领带,在西装的选择及穿着方面,遵循以下要点。

1)西装穿着三原则

(1)三色原则。全身颜色不超过三种色系,包括西装、衬衫、领带、袜子。一般在汽车商务场合应穿深色西装、白衬衫。

(2)三一定律。着装的三个部位应保持一个颜色。这三个部位指鞋子、腰带、公文包,首选黑色。

(3)三大禁忌。

①西装左袖的商标未拆除。

②在汽车商务场合中忌穿尼龙丝袜、白色袜子或短袜。

③在汽车商务场合中西装内忌穿着短袖衬衫,忌选用颜色鲜艳、图案怪异的领带。

2)西装的选择

在汽车商务活动中,汽车服务人员应选择正装西装。

(1)色彩方面。西服应选用单色和深色,避免条纹或格纹,以深蓝色、深灰色和黑色居多。

(2)面料方面。西服一般选用纯毛面料或者含毛比例较高的混纺面料,这样的面料垂悬、挺括,能体现出汽车服务人员优雅绅士的气质。

(3)款式方面。西装套装分为两件套和三件套。两件套西装包括一衣一裤,三件套西装则包括一衣、一裤和一件背心。

(4)纽扣类型方面。西装分为单排扣与双排扣。汽车商务场合一般采用单排扣的西装上衣,最常见的有一粒纽扣、两粒纽扣、三粒纽扣三种。

3)西装的穿法

正确合适的西装穿法在汽车商务场合,不仅能体现汽车服务人员的素养,也能代表公司的形象。

(1)西装上衣的穿着。在汽车商务场合,穿着单排扣西装上衣的基本原则是最下面一粒扣子不系,具体来说,一粒纽扣应系上,两粒纽扣系上面一粒,三粒纽扣系上面两粒,如果是双排扣西装则应将扣子全部系上。西装上衣的外侧口袋不能装东西,以免破坏西装的平整性,一些必须携带的小物品如名片、笔等可以放在西装上衣的内侧口袋里。

(2)衬衫的穿着。汽车服务人员穿好西装后,衬衫领口应高出西装领口1~2厘米,衬衫袖子应比西装上衣的袖子长出 1～2.5 厘米，衬衫领口露出部分与袖口露出部分相呼应，可以显示出一种匀称感。在汽车商务场合，衬衫的下摆必须塞在西裤里，袖口的纽扣必须扣上，不可随意翻起。

(3) 领带的搭配。在穿着西装时，领带是西装的重要装饰品，被称为西装的"画龙点睛之笔"。男士只要经常更换不同的领带，就能给人耳目一新的感觉。西装上衣扣好后，领带处于西装上衣与衬衫之间，如需额外穿着背心或羊毛衫时，背心或羊毛衫应选用大 V 领款式，并将领带置于其与衬衫之间。在选择领带时，尽量使之与自己的体型、肤色相符合，这样才能让整体搭配更加和谐出彩。

① 领带的打法。常用的男士领带打法有三种，具体打法如图 2-1-3 所示。

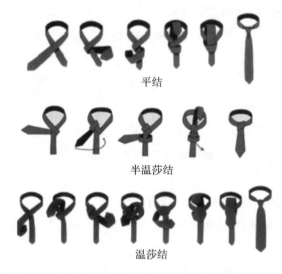

图 2-1-3　领带的打法

平结是最常用、最便捷的一种领带打法，这种结看着比较小巧，形状呈倒斜三角形，适用于宽度较窄的领带，搭配窄领衬衫，风格休闲，几乎适用于各种材质的领带，通常用于穿着休闲西装等非商务场合。因此作为汽车服务人员，在汽车商务活动中一般不采用平结打法。打该领带结的要诀是：领结下方所形成的凹洞应尽量让两边均匀且对称。

半温莎结是一个形状对称的领带结，系好后的领结通常位置很正，领结的大小比温莎结小，在具有正式感的同时，又不会显得过于厚重，最适合搭配在浪漫的尖领及标准式领口系列衬衣中，适合大多数的衣领及场合。汽车服务人员在汽车商务活动中可以采用半温莎结打法。打该领带结的要诀是：选用细薄或中等厚度的丝质领带比较容易上手。

温莎结是因温莎公爵而得名的领带结，是最正统的领带系法，打出的结形状呈倒三角形，对称性好，成熟严谨，饱满有力，看起来庄重大气。需要注意的是，领带材质不要太厚，否则领结会打得太大，往往适用于内搭宽衣领衬衫、外穿正装西装等商务工作场合，因此，汽车服务人员在汽车商务活动中推荐采用温莎结打法。打该领带结的要诀是：领带的宽边先预留较长的空间，绕带时的松、紧会影响领带结的大小，手紧一点会让领带结小一点。

在上述领带打法中，领带打好后的标准长度应当是下端正好触及皮带扣中间处，切忌将领带末端塞入裤腰中。男士领带打法可通过扫描本任务二维码学习。

②领带的选择。领带的选择应从款式、颜色以及领带夹三个方面综合考虑，选择最适合活动场合及身份的领带。款式即形状外观，领带的宽度应与自己身体的宽度成正比，身材瘦小的男士应选择窄一点的领带。汽车商务场合的领带颜色应选择深蓝色、紫红色、棕色等深色，即使是多色领带，一般也不能超过三种色彩，图案应规则、传统，如斜条、横条、竖条、圆点、方格等，面料宜选择丝、棉、麻、羊毛等。领带夹的位置以从上往下数衬衫的第四粒和第五粒钮扣之间为宜。西装上衣系好扣子后，领带夹是不应被看见的。

(4)西裤的穿着。西裤的颜色一定要与上装保持一致，一条好的西裤不应是西装中最耀眼的部分，而应是一个辅助型角色，让汽车服务人员的整体着装顺其自然地协调起来。西裤穿着的基本要求如下。

①合身。一条合格的西裤，应该是合体的直筒裤。它应当呈现出自然的人体形态，不应有冗余面料堆积。同时，西裤能让人活动自如，尤其是不应在大腿处有大量褶皱，否则说明所选西裤太紧了。

②裤长。目前随着时装潮流的发展，裤长出现越穿越短的趋势，尤其是一些年轻人喜欢穿九分裤，露出脚踝，这种现象已经违背了传统正装西装的着装审美，成为不正确的西装穿着方式。在汽车商务场合中，西裤裤长要求裤脚的前方应接脚背，西裤裤脚的后缘应位于皮鞋鞋帮和鞋底的交界处。

定制西裤时，可以选择"斜裤脚"风格，即裤脚是斜的，前面短一些，后面长一些，这样即使西裤比较长，从正面看时也不会出现过多布料堆积在皮鞋上的情况。

(5)鞋袜的穿着。在汽车商务场合，男士鞋、袜的选择应遵循以下要点。

①皮鞋。男士应穿着没有花纹的黑色优质真皮亚光平跟皮鞋，样式简洁，并保持皮鞋干净光亮。不穿带有金属装饰物或翻毛、磨光、磨砂的皮鞋。

②袜子。男士应穿着颜色素净的中长筒袜子，袜子颜色以单色深色最好，一般与西装颜色一致，配套穿着深蓝色、深灰色或黑色袜子。

2. 男士装饰

1）手表

汽车商务场合佩戴手表通常意味着时间观念强、作风严谨，佩戴得当的手表能让人显得更有风度、更有修养。汽车服务人员应选用造型庄重，色彩少，表面图案简洁大方，功能少而精的款式，佩戴一款正统而风格简约的冷色调男士腕表，可以尽显汽车服务人员的男士风采。

2）戒指

在汽车商务工作场合,男士不允许佩戴戒指,以免在为客户介绍、展示或检查车辆时划伤车辆。为避免意外发生,汽车服务人员在为客户服务时应佩戴白色薄款棉质手套。

3）皮带

在汽车商务场合中,对男士佩戴皮带的要求如下。

(1)选用皮带时,应参照皮鞋的色调,最好与皮鞋颜色一致,保持整体和谐。

(2)通常选择黑色、栗色或深棕色的皮带配以钢质、金质或银质的皮带扣,皮带扣应形状简洁、图案庄重雅致。

(3)皮带长宽适中,皮带宽度一般在 2.5～3 厘米较为美观,皮带孔眼不宜太多,否则会破坏美观。

(4)皮带不要勒得太紧,腰间不挂多余物品,如钥匙串等,充分体现汽车服务人员简洁和干练的风格。

4）工牌

在汽车商务工作场合应佩戴员工工牌以表明公司成员的身份,男士工牌通常应别在西装上衣口袋上缘正中处,工牌下缘与地面平行。

三、女士着装与装饰

爱美是女人的天性,适宜的装扮是可以为美丽加分的。在汽车商务场合中,女士在穿着商务套装的基础上,可以通过选择适合自己的服饰、发型和妆容,展现出美丽的职业形象。

1. 女士西装穿着

在汽车商务场合,女士宜穿着成套的西装,以示庄重,还应根据自己的年龄、体型、皮肤、气质等特点选择适合自己的款式,下装可以选择长裤或裙子。

1）穿着要合体

女士穿着西装应保证舒适合体,如果过于宽大,无法凸显女性的曲线美;反之过于紧身,会造成行动不便,影响工作效率。

2）要讲究搭配效果

女士穿西装应搭配丝巾,还可以在西装领口处佩戴一个精巧的水钻饰物,注意不要将衬衣领子翻出来。在汽车商务场合穿着西装的时候,要注意皮鞋、皮包的式样、颜色应与西装的颜色搭配,发型、饰品、妆容应与西装颜色协调配合,才能产生美的效果。

3）西装颜色和面料的选择

在汽车商务场合,女士西装颜色宜选择黑色、深蓝色、藏青色、灰色、深棕色和暗红色等。西装面料可以优选羊毛制品或含毛量较高的混纺制品,这样可以让西装看上去更挺括、更有品质。特别要说明的是,职业女性切忌穿着黑色皮裙。

4）丝巾的打法

在汽车商务场合，女士佩戴丝巾时通常有平结和交叉结两种打法。

(1)平结。小方巾一般采用如图2-1-4所示的平结打法，平结在职场女性中是最受欢迎的一种打法，让人看起来精神干练。打平结的时候要注意两边的配合要均匀，不应一边高、一边低，两边的顶部应对齐。在汽车商务活动中推荐使用这种打法。

(2)交叉结。长丝巾往往采用交叉结的打法，如图2-1-5所示，它适应各种款式的衣服，使用简单方便，适合大多数人。女士丝巾打法可通过扫描本任务二维码学习。

图 2-1-4 平结打法　　　　图 2-1-5 交叉结打法

5）鞋袜的穿着

在汽车商务工作场合中，对女士鞋袜的穿着要求如下。

(1)女士皮鞋要求线条简洁，鞋面上最好不要有装饰物和亮物。

(2)女士的鞋跟高度一般以3～4厘米为宜，鞋跟选择粗根、酒杯跟或小方跟较为合适，切忌鞋跟太细，以避免在走动过程中发出噪音，同时细鞋跟还容易让人产生疲劳。

(3)女士皮鞋的颜色、款式应与衣服、皮包和谐匹配。

(4)女士需穿着肉色、有透明质感的长筒丝袜，切忌穿着黑色丝袜、质地很厚的丝袜或半筒丝袜。

2. 女士装饰

巧妙地佩戴饰品，可以给着装加以点缀从而起到画龙点睛的作用，给职业女士增添更多风采。佩戴首饰最关键的就是要与整体服饰的格调协调统一，因此在汽车商务工作场合，汽车服务人员选择饰品时，应以简单大方且不引人注意的款式为宜，尽量选同一色系且颜色低调的饰品。还要注意佩戴的饰品不宜过多，以适度为原则，一般不能多于三样，否则会分散客户的注意力，选择原则如下：

(1)耳环。在汽车商务工作场合中，女士在选择耳环时应注意不宜太夸张，以简单、小巧为宜，讲究成对使用。

(2)项链。在汽车商务工作场合，女士应佩戴短项链，款式简单大方，适合搭配衬衫。

(3)戒指。在汽车商务工作场合不允许佩戴戒指，以免在为客户介绍、展示或检查车辆时划伤车辆。

(4)腕饰。对于汽车商务工作场合的女士来说,一款质地精良、品质上乘的腕表是最佳选择,还可以佩戴一只手镯或手链,但要注意戴手表时不可同时戴手镯或手链,否则会显得配饰过于繁杂。

(5)工牌。对于汽车商务工作场合的女士,工牌应佩戴于左胸齐衬衣领口第二粒纽扣处,工牌下缘与地面平行。

案例分析

穿衣是一个"形象工程",西方的服装设计大师曾说:"服装并不能打造出一个人的完美形象,但是80%的第一印象来自于一个人的着装。"因此,千万不要掉以轻心!

着装并不完全是为了自己,更是在尊重他人。不同的单位,不同的工作性质,不同的场合,应该选择不同风格的衣着打扮,因此我们要学会顺应主流,融合不同的文化背景,根据不同的工作性质和特点选择着装。案例中由于总经理余韬之前对服饰礼仪缺乏了解,在商务谈判这种非常严肃的场合中不恰当地穿着了休闲运动服,让德方人员感觉自己没有得到起码的尊重,导致一场重要的商务谈判流产,给双方都带来了莫大的遗憾。

实战演练

1. 情景模拟

在上岗之前,汽车服务人员对着全身镜整理着装,包括:男士打领带、戴领带夹、穿上外套、别上工牌;女士系丝巾、穿上外套、别上工牌等流程。

2. 演练内容

(1)学生以小组为单位,选出小组长,由小组长组织小组成员之间互助组队进行着装练习,互相评价和学习。

(2)要求每位学生都要参与演练,分别学习和展示汽车服务岗位中男士和女士的着装礼仪。

3. 检查与评估

(1)每组派出两名学生(一名男生和一名女生)进行完整的情景演练成果展示。

(2)在班级中进行评比并排列名次,记入平时成绩。

(3)由教师点评每组同学的表现,对优点提出表扬,对存在的共性问题进行讲解和总结。

任务二 仪容仪表修饰

📢 案例导入

丁峰是一家汽车4S店的销售顾问,大学本科学历毕业,口头表达能力不错,对公司的业务流程很熟悉,对公司的产品及服务的介绍也很得体,给人感觉朴实又勤快,可是奇怪的是他的业绩总是上不去,他自己也非常着急,却不知道问题出在哪里。

所谓"当局者迷,旁观者清",丁峰在平时生活中不修边幅,头发经常是乱蓬蓬的,手指甲常常忘记修剪,身上的白衬衣也皱巴巴的,领带经常松松地挂在脖子上。他还喜欢吃大葱,吃完后却不知道去除异味。

丁峰的这种形象在与客户接触的第一时间就给人留下了不好的印象,让客户觉得他是一个对待工作不认真,没有责任感的人,通常很难有机会和客户作进一步的交往,更不用说成功地承接业务了。

想一想:丁峰作为一名汽车4S店的销售顾问,应该从哪些方面入手提高自己的工作业绩?

🔖 知识链接

仪容仪表通常是指人的外观、外貌,是汽车服务人员职业形象的重要组成部分,在汽车商务活动中起着非常重要的作用。在一般的汽车商务场合,汽车服务人员的仪容仪表给客户留下第一印象的好坏,将直接影响到客户对服务人员的心理评判,也直接决定了下一步的商务社交活动能否继续进行下去。因此,作为一名汽车服务人员,精心装扮自己,保持干净整齐的仪容仪表,不但是对自己的尊重,更是对客户的尊重。

一、仪容仪表要点

1. 男士仪容仪表要点

汽车商务场合中,对男士仪容仪表的要求主要有:

(1)面部干净清爽,保证眼、耳、口、鼻等部位的清洁。

(2)头发不能彩染,保证前不覆额、侧不遮耳、后不触领。

(3)指甲整齐干净,长度以不超过手指指尖为宜。

(4)注意口腔卫生,保证口中无异味。

(5)男士穿西装时应搭配领带,如图2-2-1所示。

2. 女士仪容仪表要点

汽车商务场合中,对女士仪容仪表的要求主要有:

(1)脸部化淡妆,不用深色或艳丽口红。

(2)头发不能彩染,刘海不遮眉眼,长发应盘于脑后。

(3)指甲的长度以不超过手指指尖为宜,不涂抹鲜艳指甲油。

(4)注意口腔卫生,保证口中无异味。

(5)女士穿西装时应搭配丝巾,如图2-2-2所示。

图2-2-1 男士仪容仪表

图2-2-2 女士仪容仪表

二、仪容仪表的修饰

1. 发型的修饰

恰当的发型会使人容光焕发、风度翩翩、生气勃勃。汽车服务人员应该根据自己的脸形、体形来选择发型,体现和谐的整体美。

1)商务女士的发型

在汽车商务场合,女士在选择发型时一般遵从以下原则:

(1)一般选择盘发或短发,且头发的长度不超过肩部,如果是长发则不应披散头发。

(2)头发不应染成夸张的颜色。建议保留黑色、褐色、棕色等自然发色,不要将头发染成金色、红色、蓝色、灰色等夸张非自然的颜色。

(3)发饰样式应端庄大方,以少为宜。如果需要使用发卡、发绳、发带或发箍时,应选用一些自然色或深色的发饰,如蓝、灰、棕、黑等颜色。

2)商务男士的发型

在汽车商务场合,男士的发型选择一般遵从以下原则:

(1)干净清爽,就是要勤洗发、勤理发,使头发保持清洁卫生,不能有异味和头屑。

(2)长短适中。男士的头发不宜太长,一般是前面头发不超过眉毛,两侧头发不超过耳朵,后面的头发不超过衬衣领,不宜留大鬓角。

(3)大方得体。要求发型简单、大方、典雅,不能过分时尚新潮,同时应考虑自己的脸形、体形、年龄、场合等因素,突出自己的优点,展现自己的男性魅力。

2. 面部的修饰

面部修饰的基本要求是洁净、自然、健康。保持面部清洁是面部修饰中最基本、最简单的要求,主要指的是要勤洗澡、勤洗脸,脖颈以及手都应干干净净,并经常注意去除眼角、口角及鼻孔的分泌物。保持仪容自然指的是面部既要适当修饰,显得端庄大方,又忌讳过分修饰,浓妆艳抹。保持面容健康是指面部应保持肌肤红润透亮,呈现自然健康的肤色。

1)眉部修饰

眉毛应坚持修剪,要将其长度、形状进行及时修整,将多余的眉毛拔掉,保持清晰的眉形。为了眼睛更动人而传神,可以适当描一描眉毛,眉笔颜色需根据头发颜色对应使用黑色或棕色,女士的眼线不要描得太黑太深。

2)眼部修饰

眼睛是心灵的窗口,能反映汽车服务人员的神采和风韵。眼部的清洁很重要,应确保眼睛无分泌物,不充血。如果需要佩戴眼镜,应根据自己的脸型挑选眼镜,一副合适的眼镜会给形象加分不少。平时要注意保持镜片清洁明亮,镜框不脱色。

3)耳部修饰

应养成及时清洁耳部卫生和修剪耳毛的习惯,保持耳朵内外干净,无分泌物。女士可以佩戴陪衬得体的小型耳环或耳钉,在汽车商务工作场合一般不提倡有吊坠的耳环,以免给人不庄重的感觉,吊坠摇晃不定甚至会影响客户的决断力。

4)鼻部修饰

保持鼻孔干净,鼻毛注意及时修剪,不外露,鼻端不能留有污秽物,以免影响自身形象。对女士而言,可以在鼻梁上略施淡粉。

5)口部修饰

汽车商务工作场合中男士不留胡子,胡子要刮干净,保持牙齿整齐洁白,无食品残留物,口中无异味,嘴角无泡沫,会客时不要嚼口香糖。为了使嘴唇富有润泽感,年轻女性可涂抹淡粉色口红或透明唇膏,避免用颜色过深过艳丽的口红。唇线不应画得太深,以免显得过于突兀。

3. 肢体的修饰

1)手部的修饰

在汽车商务礼仪中经常需要握手,手是仪容的重要部分,所以手部的修饰格外重要。

(1)一双清洁没有污垢的手,是社交时的最低要求,因此注意平时要勤洗手。

(2)手部注意"保湿"。尤其在秋冬季节,手指容易干燥,入睡前以及白天没事时要多涂手霜,保持手部的湿润和光泽。

(3)应定期修剪指甲,指甲的长度以不超过手指指尖为宜,与指尖基本平齐为佳,避免因指甲过长而影响美观和卫生。修指甲时,指甲沟附近的"暴皮"要同时剪去,不能用牙齿啃指甲。

(4)男性指甲长度应该保持留有少许白色部分。过长会让人觉得脏,太短又会让人心里一紧。女士指甲长度不得超过指尖 2 mm,否则容易划伤车辆,指甲可涂抹护甲油或透明无色亮甲油,不宜涂任何有颜色的指甲油。

2)腿部的修饰

在汽车商务礼仪中,腿部的修饰也是十分重要的部分。

(1)在汽车商务场合男士应穿西裤,不允许穿运动裤、牛仔裤、休闲裤或短裤,并且穿着西裤时必须要系皮带。

(2)女士穿的西装裙不宜过短,裙长应略超过膝部。

(3)正装离不开皮鞋,最为经典的正装商务皮鞋是系带式的,不过随着潮流的改变,方便实用的懒人无带皮鞋也逐渐成为主流。

(4)不能光脚穿皮鞋,脚部不能有异味。

三、化妆技巧

在汽车商务活动中,汽车服务人员进行适当的化妆是必要的,既是自尊的表现,也是对客户的重视。人们经过化妆以后,可以拥有良好的精神状态,自我感觉提升,身心愉悦,在人际交往中会表现得更加自信,更加潇洒自如。

1. 化妆的基本原则

1)美化原则

在化妆时要注意适度矫正,做到修饰得法,以使自己化妆后能够避短藏拙。

2)自然原则

化妆要求生动、有活力,更要求真实和自然。

3)得法原则

化妆虽讲究个性化,却也要得法。工作时宜化淡妆,色系应统一和谐。

4)协调原则

化妆需强调整体效果。在化妆时,应使妆面协调、全身协调、场合协调和身份协调,以体现出自己的高雅品位。

2. 女士化妆技巧和步骤

职业女士的妆容应讲究精细,以淡雅的色彩为主,给人以大方、悦目、清新的感觉,目的在于不过分突出汽车服务人员的性别特征,不过分引人注目。既要适于与客户近距离地接触与交流,又要能够表现出个人的品位。职业女士的化妆技巧和步骤如下。

1)洁面阶段

(1)清洁皮肤。洗脸水的温度不宜过高,可以早上用冷水、晚上用热水洗脸。

(2)洗脸后应涂上护肤类化妆品,如乳液、护肤霜和美容霜等。

2)彩妆阶段

(1)上粉底。涂上一层薄薄的浅色调的粉底,统一皮肤色调。

(2)修饰眼睛。修饰眼睛有以下几种方法:

①描画眉毛。眉毛的生长规律是两头淡,中间深,上面淡,下面深。标准的眉型是在眉毛的2/3处有转折。

②画眼线。画眼线时,使用眼线笔紧贴睫毛由外眼角向内眼角方向描画,上眼线画7/10,下眼线画3/10。

③涂眼影。涂眼影时,贴近睫毛眼角部分要重些,然后用眼影刷轻轻抹开。

④卷翘睫毛。用睫毛夹夹住睫毛卷压片刻,使睫毛向上翘立,从而扩大眼睑的弧度。

(3)涂刷腮红。涂腮红时应从颧骨处向四周扫匀,越来越淡,直到与底色自然相接。腮红的中心应在颧骨部位。

(4)涂抹口红。理想的唇形为唇线清楚,下唇略厚于上唇,大小与脸型相宜,嘴角微翘,富于立体感。

(5)鼻部化妆。鼻影的作用在于强调妆面的立体感,通常是用棕色抹在鼻梁两侧。

(6)修饰指甲。对手指甲进行成型处理与涂抹指甲油,使其形美色亮。

(7)香水是一种烘托气氛的化妆品,适当地喷洒能给人以温馨的气息。正确使用香水的位置有两处:

①离脉搏跳动比较近的地方,如手腕、耳根、颈侧,以及膝部和踝部等处。

②服装上的某些部位,如内衣、衣领、口袋和裙摆的内侧,以及西装上所用的插袋巾的下端。职业女士化妆技巧可通过扫描本任务二维码学习。

3. 男士化妆技巧

职业男士化妆讲求自然顺眼,与原本的肤色匹配,做到不着痕迹。由于男性的肤质较粗糙,脸部斑点、痘痕会影响客户的第一印象,因而化妆主要是为了掩饰和遮盖瑕疵,同时凸显出男士自然、阳刚的状态。下面介绍一下男士化妆小技巧。

(1)上粉底。首先是选择合适的粉底,通常要选与自己肤色相近或稍深的粉底,多数人会选棕色系。通常干性皮肤的人最好选用粉底液,皮肤较油的人则可选用中性的干粉。擦粉底的手法多用敲和印,粉底只要涂薄薄的一层就好。

(2)描眉。男士的眉毛大多比较浓密,画眉时多采用补的手法,让眉毛看起来均匀平整。

(3)眼部修饰。眼部修饰主要是为了让双目富有神采。男士在因睡眠不足而导致眼袋和黑眼圈时,可以使用浅色干粉提亮或补平,从视觉上弱化凸出的眼袋并淡化黑眼圈。

(4)润唇。在与客户面对面交流的过程中,为避免嘴唇干裂脱皮给客户造成心理不适,男士可以在唇上涂一层润唇膏。

(5)遮瑕。最后用遮瑕膏掩盖脸部斑点和痘痕,这样一个自然优雅的男妆就完成了。

📝 案例分析

丁峰作为一名汽车4S店的销售顾问,要想提高自己的工作业绩,应注意在日常工作中规范自己的仪容仪表。

(1)头发:在很大程度上展示着汽车商务人员的外形特点,头发的修饰是基本的仪容修饰,所以对于头发,应该定期修剪和清洗,注意前不覆额、侧不遮耳、后不触领。

(2)指甲:较长的指甲容易给人不卫生的印象,应定期修剪和清洁。

(3)衬衣:应及时熨烫,时刻保持挺括、整洁、无褶皱。

(4)口气:在汽车商务交往中,说话时有口气是很不礼貌的,因此在应酬前应忌食大蒜、韭菜等重口味食物,一旦食用,应及时刷牙或咀嚼口香糖去除口中异味。

因此,只有时刻保持自己良好的职业形象,才能向客户展示出诚恳的职业态度,获取客户的最大信任度,从而提高自己的业绩。

💥 实战演练

1. 情景模拟

在每天上岗之前,汽车服务人员对着镜子整理自己的仪容仪表,其中男士进行面部清洁、发型整理、基础护理和简单化妆等步骤,女士洁面并整理好发型后,进行职业化妆练习。

2. 演练内容

(1)要求每组学生参与演练,分别展示汽车岗位中男士和女士的仪容仪表。

(2)以小组为单位,由组长组织小组成员进行仪容仪表的修饰,互相检查仪容仪表,相互学习和借鉴。

3. 检查与评估

(1)每组派出两名学生(一位男生和一位女生)进行仪容仪表修饰演练成果展示。

(2)在班级中进行评比并排列名次,记入平时成绩。

(3)由教师点评每组同学的表现,对优点提出表扬,对存在的共性问题进行讲解和总结。

项目三 打造服务仪态

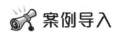学习目标

1. 知识目标

(1)掌握仪态礼仪的基本要求。

(2)掌握社交礼仪的具体要求。

(3)注意面部表情的正确表达方法。

2. 技能目标

(1)能够在工作中展示规范化的职业仪态。

(2)能够按社交礼仪要求进行客户接待。

(3)能够做到微笑面对客户。

3. 素质目标

(1)让学生养成良好的职业行为习惯。

(2)培养学生严谨的做事态度。

男士、女士职业仪态礼仪视频

任务一 职业仪态

案例导入

某4S店销售接待小王陪同总经理到汽车生产厂家进行业务洽谈。她穿着一套得体的深色西装套裙,搭配一条丝巾,非常精神地和总经理一起乘车前往。到达目的地后,厂家老总前来迎接,小王赶紧打开车门,抬起右脚跨出车门,匆忙之间,手提包掉在了地上,小王叉开双腿,弯下身体去捡,差点"走光"。一旁的总经理看到后皱了皱眉头。这次洽谈结束后,总经理告诉销售部经理,以后不要再让小王和他一起出席商务活动了。

想一想:小王的问题出在哪里?她违反了哪些职业仪态礼仪?

知识链接

职业仪态是指身在职场的商务人员的姿态和风度,包括站姿、坐姿、走姿、蹲姿、手势、表情等所有的行为举止。职业仪态是一种无声的语言,它体现了商务人员的学识与修养。爱美之心,人皆有之,精心打造出来的职业形象,往往会被行为举止上的一些差错而彻底

毁掉。修饰仪态美,从细微处流露出一个人的风度和优雅,会更加让人赏心悦目。作为一名汽车服务人员,塑造得体的职业仪态,既是一种文明礼貌行为,也能给客户留下良好的第一印象,是迈向成功的关键。

一、职业仪态要点

1. 职业站姿要点

在汽车商务场合,对汽车服务人员的站姿主要有以下要求:

(1)头正、颈直,两眼平视前方,微收下颌和闭嘴。

(2)挺胸、双肩平、微向后张,使上体自然挺拔。

(3)收腹、收臀,使胸部突起,臀部上抬。

(4)两臂自然下垂,两腿挺直,膝盖、脚跟相碰,两脚尖略微分开。

(5)身体重心通过两脚中间,放在脚前端位置上。

(6)男士双脚与肩同宽或呈"大V"字(60°),女士双脚呈"小V"字(45°)或小丁字,如图3-1-1所示。

图 3-1-1 职业站姿

2. 职业坐姿要点

在汽车商务场合,汽车服务人员的职业坐姿要点主要包括:

(1)入座时要轻、稳、缓,站定后右脚后撤半步,上身挺直轻稳地坐下。

(2)双肩平正放松,两臂自然弯曲放在腿上或扶手上,掌心向下。

(3)立腰、挺胸,上体自然挺直。

(4)女士双膝自然并拢,男士两膝间可分开一拳左右的距离。

(5)坐椅子时应坐满椅子的三分之二位置。

(6)离座时要自然稳当,右脚向后收半步,然后起立,起立后右脚与左脚平齐,如图3-1-2所示。

图 3-1-2　职业坐姿

3.职业走姿要点

汽车商务场合中,对汽车服务人员走姿的要求主要有:

(1)面朝前方,双眼平视,头部端正,胸部挺起,背部、腰部和膝部成一条直线。

(2)身体应稍向前倾,身体的重心应落在反复交替移动的前面那只脚掌之上。

(3)向前伸出的那只脚应保持脚尖向前,不要向内或向外。

(4)行走过程中,步幅不要过大。

(5)双肩保持平衡,两臂自然摆动。摆动的幅度以前臂约30°,后臂约15°为宜,手掌朝向身体的方向,如图3-1-3所示。

图 3-1-3　职业走姿

4.职业蹲姿要点

在汽车商务场合中,对汽车服务人员蹲姿的要求包括:

(1)保持与客户适中的距离。
(2)下蹲时注意保持上身挺直。
(3)身体重心落在左(右)支撑腿上。
(4)女士双腿并拢收紧,一高一低。
(5)男士双膝适度分开,一高一低。
(6)不要突然下蹲,下蹲时需高腿侧对客户,如图3-1-4所示。

图3-1-4 职业蹲姿

5. 职业手势要点

在汽车商务场合使用职业手势的要点包括:
(1)目视来宾,面带微笑。
(2)身体不能倾斜,采用标准站姿。
(3)引领客户时手掌五指并拢伸直,掌心向上。
(4)根据引领客户的实际情况采用恰当的手臂高度。
(5)引领客户时上身稍向前倾,头微点,向客户致意,如图3-1-5所示。

图3-1-5 职业手势

二、职业站姿

在汽车商务活动中,职业站姿是汽车服务人员职业仪态的核心。作为一名汽车服务人员,如果站姿不够标准,其他姿势便根本谈不上什么优美。站姿是一种静态身体造型,同时是动态身体造型的基础,是优美仪态的起点。好的职业站姿可以表现出一个人的风度和气质,能给人挺拔、精神的感觉,从而体现出商务男士的稳健和商务女士的优美。

1. 男士职业站姿

注意保持身体立直,抬头挺胸,下颌微收,双目平视,嘴角微闭,面带微笑,身体重心可放在两只脚上。男士职业站姿如图3-1-6所示。

1)手部姿势

男士职业站姿中手部姿势通常有五种方式。

(1)侧放式:双手自然垂直放于身体两侧。

(2)前握式:双手手指自然并拢,右手搭在左手上,轻贴于小腹部。

(3)后握式:双手在身后交叉,右手握住左手,贴于尾椎骨处。

(4)前后式:一手放于腹前,一手放于体后。

(5)背垂手式:一手放于体侧,一手放于体后。

2)脚部姿势

男士职业站姿中脚部姿势一般有两种。

(1)双膝并拢,两腿绷直,脚跟靠紧,脚尖分开呈"大V"字(60°)型。

(2)双脚平行分开,两脚间距离不超过肩宽,一般以20 cm为宜。

男士职业站姿视频可通过扫描本任务二维码学习。

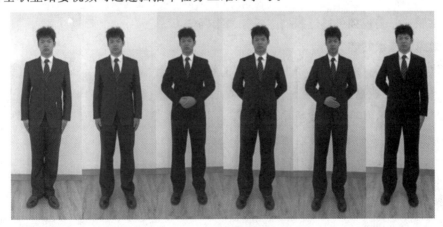

图3-1-6 男士职业站姿图

2. 女士职业站姿

注意保持身体立直,抬头挺胸,下颌微收,双目平视,嘴角微闭,面带微笑,身体重心可放在两只脚上,也可放在一只脚上,并通过重心的移动减轻疲劳。女士职业站姿如图3-1-7所示。

图3-1-7 女士职业站姿图

1)手部姿势

女士职业站姿中手部姿势通常有三种。

(1)侧放式:双手自然垂直放于身体两侧。

(2)前握式:双手手指自然并拢,右手搭在左手上,轻贴肚脐部位。

(3)后握式:双手在身后交叉,右手握住左手,贴于后腰处。

2)脚部姿势

女士职业站姿中脚部姿势一般可分为两种。

(1)双膝并拢,两腿绷直,脚跟靠紧,脚尖分开呈"小V"字(45°)型。

(2)双膝并拢,两腿绷直,右脚在前,左脚在后,右脚跟与左脚弓处靠拢,两脚呈丁字步45°角。

女士职业站姿视频可通过扫描本任务二维码学习。

3. 常见的错误站姿

在汽车商务场合的职业站姿中,常出现的错误有:

(1)倚门靠墙或靠在桌椅上。

(2)双手交叉,双手叉腰或插在口袋内。

(3)眼睛向上或向下看,左右斜视。

(4)两腿交叉站立或两腿前后岔开站立。

(5)习惯性抖腿或用脚踢东西。

(6)弓腰驼背或耸肩勾背。

(7)手部不停地做一些无意识的小动作等。

三、职业坐姿

职业坐姿是指汽车服务人员在就座后身体所呈现的姿势,主要体现的是一种稳重的状态,但是不能刻意和做作。正确的坐姿要求是"坐如钟",即坐相要像钟一样端正。好的职业坐姿是一种文明行为,它既能体现汽车服务人员的形态美,又能体现其行为美。

在汽车商务活动中,按照商务礼仪的要求一般从椅子的左侧入座,右脚向前跨一步,左脚跟随其后,其中男士双脚平行保持与肩同宽,女士双脚并拢,右脚后撤半步后坐下,坐于椅子的三分之二位置,保持上身挺直,让整体坐姿显得端庄稳重。

1. 男士职业坐姿

男士入座时,无论采用何种坐姿,都要求上身挺直,双腿适当分开,上身和大腿、大腿和小腿都应形成直角,小腿垂直于地面。男士的职业坐姿要点如表3-1-1所示。

表3-1-1 男士职业坐姿要点

类型	腿部姿势	手部姿势	脚部姿势
标准式	双腿分开保持一拳距离,小腿垂直于地面	两手五指并拢,分别放于同侧大腿上,略靠近膝盖	两脚脚尖平行分开,与肩同宽
前交叉式	一条腿垂直于地面,另一条腿从前面与之交叉	两手五指并拢,分别放于同侧大腿上,略靠近膝盖	双膝分开,两脚自然交叉
前伸式	一条腿向前屈伸出,另一条腿向内适当回收	两手五指并拢,分别放于同侧大腿上,略靠近膝盖	两脚脚尖平行分开,与肩同宽,双脚脚掌着地,位于一前一后
曲直式	一条腿向内适当回收,另一条腿从前面与之交叉	两手五指并拢,分别放于同侧大腿上,略靠近膝盖	两脚基本保持在同一条直线上,双脚脚掌着地
交叉后点式	一条腿垂直于地面,另一条腿从前面与之交叉,并将两腿向后回收	两手五指并拢,分别放于同侧大腿上,略靠近膝盖	双膝分开,双脚向后回收,脚尖着地,脚后跟提起
重叠式	一条腿垂直于地面,另一条腿从上面叠放于该腿上,上面的小腿要略回收	两手叠放在双腿上,略靠近膝盖	一只脚掌着地,另一只脚尖略回收

男士职业坐姿如图3-1-8所示。男士职业坐姿视频可通过扫描本任务二维码学习。

图3-1-8 男士职业坐姿图

2. 女士职业坐姿

女士入座时,若是裙装,应先用手将裙摆从后部收拢,然后坐下,若是裤装,则可直接坐下。无论采用何种坐姿,都要求上身挺直,双腿并拢,上身和大腿、大腿和小腿都应当形成直角,小腿垂直于地面。女士的职业坐姿要点如表3-1-2所示。

表3-1-2 女士职业坐姿要点

类型	腿部姿势	手部姿势	脚部姿势
标准式	双腿并拢,小腿垂直于地面	两手叠放在双腿上,略靠近大腿根部	双膝、双脚包括两脚的脚跟都要完全并拢
前交叉式	一条腿垂直于地面,另一条腿从前面与之交叉	两手叠放在双腿上,略靠近大腿根部	双膝并拢,两脚自然交叉
后点式	双腿并拢,小腿向后回收	两手叠放在双腿上,略靠近大腿根部	双膝、双脚并拢,向后回收,脚尖着地,脚后跟提起
曲直式	一条腿向内适当回收,另一条腿从前面与之交叉	两手叠放在双腿上,略靠近大腿根部	双膝并拢,两脚位于同一条直线上,双脚脚掌着地
重叠式	一条腿垂直于地面,另一条腿从上面叠放于该腿上,交叠后两腿之间无缝隙,上面的小腿要回收	两手叠放在双腿上,略靠近大腿根部	一只全脚掌着地,另一只脚尖绷直,贴于小腿侧
侧点式	向左(右)侧45°伸出一条小腿,另一条腿与之平行并拢无缝隙	两手叠放在双腿上,略靠近大腿根部	双膝、双脚包括两脚的脚跟都要完全并拢,双脚前脚掌着地,脚后跟略提起
侧挂式	向左(右)侧45°伸出一条小腿,并将另一条腿从上面叠放于该腿上,靠紧并拢无缝隙	两手叠放在双腿上,略靠近大腿根部	一只脚前脚掌着地,另一只脚脚尖绷直向下

女士职业坐姿如图3-1-9所示。女士职业坐姿视频可通过扫描本任务二维码学习。

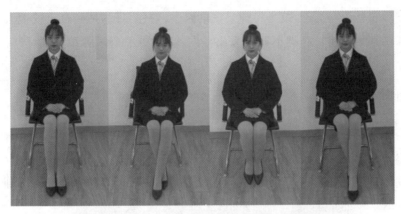

图 3-1-9　女士职业坐姿图

3. 不雅的坐姿

汽车商务场合中，常见的不雅坐姿主要有以下几种。

(1)头部乱晃。在汽车商务场合中，不允许仰头靠在座位背上，或是低头注视地面；也不宜左顾右盼，闭目养神，摇头晃脑。

(2)上身不直。汽车商务场合的职业坐姿要求不允许坐定之后上身前倾、后仰、歪向一侧，或是趴向前方、两侧。

(3)坐得太满或太少。坐椅子时，切忌坐得太满或太少。坐得太满是对客户的不敬，也是对自己形象的不负责任；但只坐三分之一则会给客户留下随时想起身送客的感觉。

(4)手部错位。坐下之后，不应以双手端臂，双手抱于脑后，双手抱住膝盖，以手抚腿、摸脚等动作。双手应尽量减少不必要的动作，不要摸摸、碰碰、敲敲或打打。不要将肘部支于桌子上，也要避免将双手夹在大腿中间。

(5)腿部失态。双腿切勿在坐好后岔开过大。不要在尊长面前高翘二郎腿，即不要将一条小腿交叉叠放于另一条大腿之上。两腿不要直伸开去，也不要反复抖动不止。不要骑坐在座椅之上，或把腿架在高处。

(6)脚部乱动。切勿在坐定后将脚抬得过高，以脚尖指向他人，或是让对方看到鞋底。

不要在坐下后脱鞋子和袜子,或是将脚架在桌面上,勾住桌腿,翘到自己或他人的座位上。不要以脚踩踏其他物体。双脚不要交叉或呈内八字,更不要两脚跟着地,脚尖朝上,摇晃抖动不止。

四、职业走姿

走姿是一种动态的姿势,最能体现出一个人的精神面貌。职业走姿应文雅、端庄,不仅要给客户一种沉着、稳重、冷静的感觉,还要充分体现汽车服务人员的气质与修养。因此,行走姿态的好坏能够充分展现出汽车服务人员的风度、风采和韵味。职业走姿如图3-1-10所示。

图3-1-10　职业走姿图

1.职业走姿

在汽车商务场合,对职业走姿的要求通常包括:

(1)在行走时,要面朝前方,双眼平视,头部端正,胸部挺起,背部、腰部和膝部成一条直线。

(2)在起步行走时,身体应稍向前倾,身体的重心应落在反复交替移动的前面那只脚掌之上。

(3)在行进时,向前伸出的那只脚应保持脚尖向前,不要向内或向外,双脚大体上应当呈现为一条直线。

(4)保证步幅大小适中,正常的步幅应为前脚脚跟与后脚脚尖相距一脚长。

(5)双肩应当平衡,两臂则应自然地、前后有节奏地摆动。在摆动时,手腕要进行配合,掌心向内,手掌自然向下。摆动的幅度保持在前臂向前约30°,后臂向后约15°为宜,不要双手横摆或同向摆动。

(6)女士行走时两脚落在同一条直线上,男士行走时两脚适当分开,与肩同宽。

2. 不雅的走姿

汽车商务场合中常见的不雅走姿包括：

(1)走路时,双眼左顾右盼,扭腰摆臀。

(2)走路时含胸驼背或者一肩高一肩低。

(3)迈着"外八字步"或"内八字步"。

(4)行走的步幅太大或太小。

(5)行走时双手或单手插入裤子口袋。

五、职业蹲姿

蹲姿是人在处于静态时的一种特殊体位。职业蹲姿的要点是迅速、美观、大方。在汽车服务过程中,整理环境、帮助顾客和提供服务的时候都需要用到职业蹲姿。但是如果蹲无"蹲相",会显得既不雅观,也十分不礼貌,因此作为汽车服务人员应该时刻注意蹲出优雅的气质。

1. 职业蹲姿

汽车商务场合常见的蹲姿可分为高低式和交叉式。

1)高低式

汽车服务人员采用高低式蹲姿时应注意以下要点：

(1)女士下蹲时,背部挺直,左(右)脚在前,右(左)脚稍后,两腿靠紧臀部垂直于地面往下蹲。

(2)左(右)脚全脚掌着地,小腿基本垂直于地面,右(左)脚跟提起,前脚掌着地。

(3)右(左)膝低于左(右)膝,右(左)膝内侧靠于左(右)小腿内侧,形成左(右)膝高右(左)膝低的姿势,臀部向下,基本上靠一只腿支撑身体。

(4)男士选用这种蹲姿时,两腿分开保持一拳左右的距离。

2)交叉式

汽车服务人员采用交叉式职业蹲姿时应注意以下要点：

(1)女士下蹲时,背部挺直,左(右)腿在后与右(左)腿在前相互交叉重叠,左(右)膝由后面伸向右(左)侧,左(右)脚跟抬起,前脚掌着地,右(左)小腿基本垂直于地面,全脚掌着地。

(2)两腿前后紧靠,合力支撑身体。臀部向下,上身稍前倾。

(3)此姿势不适合男性。

汽车商务场合中男性和女性常用的职业蹲姿如图 3-1-11 所示。

图3-1-11 职业蹲姿图

2. 蹲姿的禁忌

汽车服务人员在商务场合采用蹲姿时应注意以下常见错误：

1）忌方位失当

汽车服务人员在客户身边下蹲时，最好是和客户侧身相向。如正对或背对客户蹲下，会让对方感到尴尬或不便。

2）忌毫无遮掩

汽车服务人员下蹲时，注意不要让背后的上衣自然上提，避免露出皮肤和内衣裤。女士下蹲时切忌将两腿分开，既不雅观，又不礼貌。

3）忌弓背撅臀

当汽车服务人员在捡拾落在地上的东西或拿取低处物品需要下蹲时，注意不要有弯腰、臀部向后撅起的动作，应首先走到目标物品旁边，再使用正确的蹲姿，将东西拿起。

4）忌突然下蹲

汽车服务人员需要下蹲时，不要速度太快。尤其是在引领和陪同客户行进过程中要特别注意这一点。

5）忌离人过近

汽车服务人员在下蹲时，应和客户保持一定距离。和他人同时下蹲时，更不能忽略双方的距离，以防止碰头或发生其他的误会。

六、职业手势

手势是一种体态语言，是通过手及手指活动传递信息的一种方式。在汽车服务过程中，汽车服务人员会使用职业手势与客户进行沟通。在与客户沟通过程中，恰当的手势可以起到强调、辅助的作用，增进与客户的相互理解，拉近与客户之间的距离，赢得客户的信赖和认可。

1. 职业手势规范

汽车服务人员运用手势时，一定要目视来宾，面带微笑，体现出对宾客的尊重。常采用的手势有横摆式、双臂横摆式、直臂式、斜臂式和曲臂式5种。

1)横摆式

在汽车服务过程中,汽车服务人员表示"请进""请这边走"的意思时,经常采用横摆式手势。以右手为例,具体动作要求如下:

(1)五指并拢伸直,掌心向上,手掌平面与地面呈45°,肘关节微曲140°左右,腕关节要低于肘关节。

(2)做动作时,手从腹前抬起,至上腹部处,然后以肘关节为轴向右摆,摆到身体右侧稍前的地方停住。

(3)注意不要将手臂摆到体侧或体后,同时身体和头部微微由左向右倾斜,视线也随之移动。

(4)双脚并拢或成右丁字步,左臂自然下垂或背在身后,目视客户,面带微笑。

2)双臂横摆式

在汽车商务活动中,汽车服务人员向多位来宾表示"大家请进""请这边走"时,可采用双臂横摆式手势。具体动作要求如下:

(1)两手五指分别伸直并拢,掌心向上,从腹前抬起至上腹部处。

(2)双手上下重叠,将两手臂向身体同一侧摆动,摆至身体的侧前方,肘关节略微弯曲,上身稍向前倾,面带微笑,头微点,向客户致意。

3)直臂式

当汽车服务人员为客户指示方向,表示"请往前走""请看前方""请您随我来"的意思时,可采用直臂式手势。以左手为例,具体动作要求如下:

(1)五指并拢伸直,曲肘由身前向左斜前方抬起,抬到约与肩同高时,再向要指示的方向伸出前臂,身体微向左倾。

(2)与横摆式不同的是手臂高度较高,肘关节伸直。

4)斜臂式

当汽车服务人员引导客户入座,表示"请坐"的意思时,可采用斜臂式手势。以右手为例,具体动作要求如下:

(1)用双手将椅子向后拉开,然后一只手曲臂由前抬起,再以肘关节为轴,前臂由上向下摆动。

(2)将手臂斜向下方成一条斜线,向客户微笑点头示意请客户入座。

5)曲臂式

当汽车服务人员用一只手抓着门把手、挡着电梯门或拿着文件夹时,另一只手做出"请进"或"请这边走"的手势时,可采用曲臂式手势。以右手为例,具体动作要求如下:

(1)五指伸直并拢,从身体的右侧前方,由下向上抬起,抬至上臂离开身体105°时,以肘关节为轴,手臂由体侧向体前的左侧摆动,摆到距身体20 cm处停住。

(2)掌心向上,手指尖指向左方,头部随着客户的移动从右转向左方。

汽车商务场合常采用的职业手势如图3-1-12所示。

图3-1-12 职业手势

2."三位"职业手势

职业手势按手位的高低又可以分为高位手势、中位手势、低位手势。

(1)高位手势。手势的高度一般在肩部以上,头部以下。

(2)中位手势。手势的高度一般在腰部与肩部之间。

(3)低位手势。手势的高度一般在腰部以下。

3.职业手势运用

在汽车商务场合中,不同的情景下应采用不同的职业手势才能体现汽车服务人员的专业性。

1)请进:用中位手势

采用中位手势请客户进门时的动作要点为:

(1)汽车服务人员迎接客户时,站在一旁,先鞠躬或点头问候,再抬手到身体的右前方,采用横摆式手势。

(2)微笑注视客户,目光随着客户而移动,直至客户走过后,再放下手臂。

2)引导:用中位手势

采用中位手势表示引导时的动作要点为:

(1)汽车服务人员走在客户前方引导,且不时回头,关注客户动态,把握好与客户之间的距离。

(2)如果为客户指引方向,先用语言回答客户询问的内容,再用直臂式手势指出目标方向的位置,眼睛同时望向客户和指示方向,直至客户表示清楚了,再把手臂放下。

3)请坐:用低位手势

采用低位手势请客户落座时的动作要点为:

(1)接待客户入座时,一只手由体前抬起,从上向下摆动到距身体45°处。

(2)手臂由上向下形成一条斜线,表示请入座。

4)请往高处看:用高位手势

采用高位手势请客户往高处看时的动作要点为:

(1)为客户指示高处位置时,一只手由体前抬起,从下向上摆动到距身体45°处。

(2)手臂由下向上形成一条斜线,表示请向高处看。

案例分析

小王作为公司的销售接待,在职业操守方面是不合格的。她只做到了表面光鲜,基本的商务仪态礼仪完全没有做到,让总经理在客户面前丢了面子,严重损害了公司的形象。总经理不光是以后不会带她出门,回去后小王还要面临公司规章制度的处罚。

小王主要违反了以下几种仪态礼仪要求:

(1)违反了穿裙装上下车时的仪态礼仪。为防止走光,小王穿着西装套裙下车时,在打开车门后,应双腿并拢同时转向车门方向,双脚同时伸出并着地,再低头出车门,站稳站直,最后轻轻关上车门。

(2)违反了蹲姿礼仪。手提包掉地后,小王应两腿并拢,背部保持挺直,臀部向下,垂直下蹲,高腿侧对客户,捡拾包包,避免产生不必要的尴尬。

实战演练

1. 情景模拟

在汽车4S店中,汽车服务人员运用职业的站姿、坐姿、走姿、蹲姿、手势接待到店客户,在客户面前表现出良好的职业仪态。

2. 演练内容

(1)学生以小组为单位,设计接待情景,分别练习职业站姿、职业坐姿、职业走姿、职业蹲姿和职业手势,注意男士和女士职业仪态礼仪之间的区别。

(2)由组长组织小组成员进行各种职业仪态的练习,互相评价和学习。

3. 检查与评估

(1)以小组为单位进行职业仪态演练成果展示。

(2)在班级中进行评比并排列名次,记入平时成绩。

(3)由教师点评每组同学的表现,对优点提出表扬,对存在的共性问题进行讲解和总结。

任务二　社交礼仪

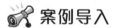 **案例导入**

某品牌新车发布会现场，各方企业和新闻媒体云集，企业家们济济一堂。某汽车有限公司的魏总经理听说某赫赫有名的汽车集团公司的杨董事长来了，想利用今天这个难得的机会认识一下这位素未谋面而又久仰大名的商界名人。在午餐会上，魏总看到杨董事长正在兴高采烈地与他人交谈，觉得机会到了，于是彬彬有礼地走上前去说："杨董事长，您好，我是某汽车公司总经理魏东，这是我的名片，很高兴认识您。"说着从名片夹中拿出名片，递给了杨董。杨董显然还沉浸在之前与人谈话的氛围中，他顺手接过魏东的名片，回应了一句"你好"，便将名片放在一边的桌子上，继续与其他人交谈。魏总在一旁等了一会儿，未见杨董有交换名片的意思，便失望地走开了。

想一想：你认为魏总与杨董在这次社交中各存在什么问题？在社交过程中应该如何有效避免出现这种尴尬？

 **知识链接**

社交在当今人际交往中发挥着越来越重要的作用。通过社交，人们可以互通信息，共享资源，实现共同发展和进步。社交礼仪是人们在人际交往过程中应具备的基本素质和交际能力，在社交活动中起着重要的作用，能让初次见面的人之间尽快熟悉起来，缩短人与人之间的距离，从而建立起基本的、必要的了解、信任和联系。

一、社交礼仪的基本原则

1. 宽容的原则

在社会交际活动中运用礼仪时，要严格要求自己，对待他人要保持宽容之心。

2. 尊重的原则

在社会交往中，要尊重对方、以礼相待，要对他人心存敬畏之心，不要做出伤害对方尊严或侮辱对方人格的行为。

3. 自律的原则

在社交过程中，要严格按照礼仪规范，进行自我约束、自我对照、自我控制、自我反省、自我检查。

4. 遵守的原则

在交际活动中，必须自觉自愿地遵守礼仪，用礼仪去规范自己在交往活动中的言行举止。

5. 适度的原则

运用社交礼仪时,要注意把握好分寸,做到适度得体。

6. 诚信的原则

运用社交礼仪时,务必做到诚信,童叟无欺,言行一致,表里如一。

7. 入乡随俗的原则

由于国情、民族、文化背景的不同,必须坚持入乡随俗,尊重对方的习惯,不要自以为是、漫不经心。

8. 平等的原则

在社会交往中,不要以貌取人,对任何人都应该一视同仁,给予同等程度的礼遇。

二、社交礼仪要点

1. 表情礼仪要点

在社交过程中,恰当的表情能让社交活动有一个良好的开端,表情礼仪的要点主要有:

(1)交流过程中,时刻保持微笑。

(2)发自内心,真诚微笑。

(3)眼神应是坦然、亲切、友善的。

(4)在与人交流时,目光应当注视着对方,才能表现出诚恳与尊重,如图3-2-1所示。

图 3-2-1 表情礼仪

2. 问候礼仪要点

问候是社交过程中必不可少的环节,问候礼仪主要遵循以下要点:

(1)问候的时候,要面含笑意,与对方有正面的目光交流,以做到眼到、口到、意到。

(2)汽车服务人员应主动问候客户。

(3)当一个人逐一问候多人时,既可以由"尊"及"卑"、由"长"及"幼"地依次而行,也可以由"近"及"远"依次而行,如图3-2-2所示。

图3-2-2 问候礼仪

3. 握手礼仪要点

正确的握手礼仪在社交场合中能体现出一个人的职业素养,握手礼仪的要点有:

(1)握手次序通常是上级、长辈、女士或主人先伸手。

(2)握手时面带微笑,手掌向左,四指并拢,虎口相交,力度三分,上下摇晃两到三次,握手时间为两到三秒,如图3-2-3所示。

(3)当男士和女士握手时,应礼貌地握住其手指部分。

图3-2-3 握手礼仪

4. 名片礼仪要点

名片交换也是社交过程中非常重要的环节,关系到今后有无合作的可能,名片礼仪的要点主要有:

(1)递名片时,应举止谦逊,微微低头致意,双手或右手将名片正面朝向对方。

(2)接受名片时,应起身或欠身以表示尊重。如果对方回赠名片,则应表示感谢,并说敬语"很高兴认识您"。

(3)在接过对方名片后,要认真阅读一下,可以适当寒暄或赞扬,再小心放入西服内侧口袋或名片夹中,如图3-2-4所示。

图3-2-4 名片礼仪

5. 介绍礼仪要点

在社交场合,介绍时应遵循的礼仪要点包括:

(1)自我介绍时,应适当加入一些谦辞和敬语。

(2)汽车服务人员自我介绍时应包含单位、部门、职务和姓名。

(3)居间介绍原则是先卑后尊,应先介绍男士、下级、晚辈和主人。

(4)居间介绍需要征得双方同意后再互相介绍,如图3-2-5所示。

图3-2-5 介绍礼仪

6. 引领礼仪要点

在社交活动中需要引领客户时,应遵循以下礼仪要点:

(1)引导位置:站在客户的左前方,传达"以右为尊、以客为尊"的理念。

(2)引导手势:在引导时,五指并拢、手掌伸直、掌心向上,大多使用"横摆式"手势。

(3)引导速度:引导时的步调要适应客户的速度。

(4)引导语言:目视对方、面带微笑,多用敬语提醒。规范的引领礼仪如图 3-2-6 所示。

图 3-2-6 引领礼仪

三、表情礼仪

人们往往通过喜、怒、哀、乐等表情来表达内心的感情。现代心理学家总结出一个公式:感情的表达=7%的言语+38%的声音+55%的表情,因此在汽车服务人员与客户沟通的过程中,表情在感情表达方面占据了非常重要的地位。表情是汽车服务人员内心情感在其面部的表现,主要包括微笑和眼神。汽车服务人员在汽车商务活动中,要学会控制好自己的表情,不断提高自身的表情礼仪修养,做一个知礼、懂礼、守礼的人,从而能在第一时间里与客户建立起融洽的关系。

1. 微笑礼仪

微笑是人际交往中的一种基本礼节。在所有表情中,微笑是最能赋予人好感,增加友善和愉悦心情的表现方式。所有的汽车商务活动中都要求汽车服务人员提供"微笑服务",微笑已经成为评价汽车 4S 店服务质量的重要标准。

图 3-2-7 微笑礼仪

1) 微笑的具体要求

汽车服务人员在汽车服务工作中应表现出笑容可掬的神态:面部平和自然,嘴巴微张,嘴角微微上扬,牙齿微露,不发出声音,显得热情、亲切、和蔼、愉悦动人,如图 3-2-7 所示。

在汽车商务场合的人际交往中,汽车服务人员常采用的微笑礼仪为"三度"微笑法。

(1)"一度"微笑。只牵动嘴角肌,适用于客户刚到店时。

(2)"二度"微笑。嘴角肌、颧骨肌同时运动,适用于与客户交谈中。

(3)"三度"微笑。嘴角肌、颧骨肌与其他笑肌同时运动,是一种传递的微笑,适用于与客户成功签约或送别客户时。

2) 微笑的训练

某人际学培训大师曾说:"真诚的微笑,其效用如同神奇的按钮,能立即接通他人友善的感情,因为它在告诉对方:我喜欢你,我愿意做你的朋友。同时也在说:我认为你也会喜欢我的。"

(1)真诚微笑。真诚微笑是发自内心的,是内心喜悦的自然流露,是优雅大度、宽容诚恳的情感表达方式。因此汽车服务人员应始终保持乐观向上、积极进取的精神状态,这样才能时刻绽放真诚微笑,让客户感受到来自心灵的微笑。

(2)有感情的微笑。微笑是一种有效的社交工具,有感情的微笑可以让人感觉亲切、愉悦和舒适。汽车服务人员可以将微笑和眼神结合起来,做到笑眼传情,这样的微笑才富有感染力、才容易打动客户。

(3)微笑面对困难。汽车服务人员在工作中遇到困难时,应放平心态,不急不躁,微笑面对,冷静思考解决问题的方法,迅速缓解与客户之间的紧张气氛。

3) 笑的禁忌

笑是人最基本的表情动作,谁都会笑,但有些笑会让客户产生负面情绪。因此,在社交礼仪中,汽车服务人员应尽量规避以下这几种笑。

(1)假笑:让客户感觉笑得不真诚,笑得虚假,就是俗话说的皮笑肉不笑,这种笑容易丧失客户的信任。

(2)冷笑:是含有怒意、讽刺、不满、无可奈何、不屑、不以为然等意味的笑,这种笑容易让客户产生抵触心理。

(3)怪笑:笑得阴阳怪气、令人心里发麻,含有恐吓、嘲讽的意思,容易让客户产生反感。

(4)媚笑:为了讨好客户的笑,不是发自内心的笑,具有强烈的功利性和目的性,容易被客户鄙视。

(5)窃笑:偷偷地笑,表现为洋洋自得、幸灾乐祸或看客户笑话等不良心态的笑。

(6)狞笑:面容凶恶,表情愤怒,通常会让客户因为惊恐而产生不安的情绪。

(7)讥笑:冷言冷语地嘲笑,是带有讽刺、挖苦意味的取笑,会让客户感到极度的心理不适。

(8)大笑:在公共场合中放肆大笑,是没素质、没教养的表现,是不尊重客户的表现。

2. 眼神礼仪

眼神是一种无声的语言,具有反映人深层心理的特殊功能。汽车服务人员在和客户交流的过程中,通过眼神交流,一方面可以让客户确认一个信息:你是重视和尊重他的,你是很在乎这件事情的。另一方面可以创造和谐的氛围,形成良好的客户关系。

1)注视时间

汽车服务人员在与客户交谈的过程中,目光接触对方脸部的时间约占全部谈话时间的 30%~60%。注视时间的长短往往能表达一定的含义。

(1)超过这一平均值,可以认为对客户谈话内容很感兴趣。

(2)低于这一平均值,则表示对客户谈话内容不感兴趣。这种情况在实际工作过程中应尽量避免,属于失礼行为,会引起客户的不适和反感。

2)注视范围

(1)注视类型。

①公务注视。在商务谈判中,目光可投向对方两眼与前额之间,让整个气氛显得非常的认真严肃。

②社交注视。在商务活动中,可以把目光投向客户的两眼到嘴之间的三角区域中,营造一种温馨诚信的氛围。

③亲密注视。这种注视方法专属于亲人或恋人之间,目光范围可以在对方眼睛到胸部以上的较大区域内。

(2)"三角法则"。

在汽车商务活动中,汽车服务人员用眼神和客户交流时应遵循"三角法则"。

①"大三角":第一次接待客户,可以注视客户的额头与肩膀两侧所形成一个大三角对视空间,既让对方感觉你在注视他,又不会感觉不自然,特别是异性之间。

②"小三角":再次接待客户时,可以注视客户前额两端加上下巴处一个点,形成一个小三角对视空间。

③"金三角":多次接待客户后,双方关系变得熟悉起来,沟通时可以把客户的双眼看成两点,鼻子看成一点,形成更小的三角对视空间。

④"对视":当需要强调谈话内容,或进一步确认对方态度的时候,汽车服务人员要与客户进行眼神的直接对视,同时,眼神应该配合沟通的内容,与动作和面部表情同步化,做到眼到、手到、心到,表情自然、目光坦诚,以达到最佳的沟通效果。

3)注视角度

(1)平视:也叫正视,视线呈水平状态。是汽车服务人员最常用于与客户进行交流沟通的一种视角。

(2)侧视:当客户位于侧面时,汽车服务人员应将面部侧向平视客户,属于平视的特殊情况,注意不能用眼睛斜视对方,否则会显得非常失礼。

(3)仰视:汽车服务人员在汽车服务过程中应主动让自己居于低位,抬眼向上注视客户,以表示对客户的一种尊重。

4)眼神的禁忌

在汽车商务活动中,如果眼神使用不当会造成很多不必要的误解,因此汽车服务人员在和客户交流的过程中,应避免使用以下几种眼神。

(1)盯视:是一种不礼貌的语言。如果一直目不转睛地盯着对方,尤其是眼睛,会让客户觉得有压力、感到尴尬不自在。

(2)眯视:是一种不尊重、不太友好的语言。眯着眼睛看客户,会让客户产生一种冷淡、漠视的感觉。

(3)俯视:是一种傲慢的语言。眼睛向下注视客户,会让客户产生被轻视和怠慢的感觉。

(4)眼神闪烁:是一种不诚信的语言。眼神不停闪烁会让客户感觉不舒服、不诚信,似乎对其有所隐瞒。

(5)眼神躲避:是一种不可靠的语言。一直不敢看客户,就会显得胆怯、自卑、不自信,让客户无法放心继续交流下去。

四、问候礼仪

在汽车商务活动中,问候是在汽车服务人员与客户见面时打招呼、寒暄的过程,虽然只有简单的三言两语,却是向他人表示尊重的一种礼仪方式。

1. 称呼

汽车服务人员与客户初次见面问候时，选择正确恰当的称呼，既能反映自身的教养，又能体现对客户的重视。在汽车商务场合，常用的称呼一般可以分为职务称、姓名称、职业称、代词称等。

(1)职务称包括经理、主任、董事长、教授、科长、老板等。

(2)姓名称通常是以姓加"先生、女士"。

(3)职业称是以职业为特征的称呼，如医生、律师、老师等。

(4)代词称是用"您""您们"等来代替其他称呼。

使用称呼时，一定要注意主次关系及年龄特点，如果对多人称呼，应以年长为先，上级为先，关系远为先。

2. 问候语

问候语是见面时最先向对方传递的信息。汽车服务人员向客户问候时应态度诚恳，表情自然、大方，语言和气亲切，表达得体。

(1)和初次见面的客户问候，如"您好""很高兴认识您""见到您非常荣幸""久仰"等。

(2)与熟悉的客户见面问候，用语可以亲切、具体一些，也可以适当用一些称赞语，如"×先生，早上好！欢迎再次光临本店""好久不见，您今天气色不错哦"。

3. 问候顺序

在社交场合中，会面问候的先后顺序如下：

(1)主人先问候客人。

(2)职位低者先问候职位高者。

(3)晚辈先问候长辈。

(4)男士先问候女士。

(5)在向多人问候时，可以按"由近及远"或"由尊及卑"的顺序依次进行。

因此，在汽车商务场合中，汽车服务人员作为4S店的主人，在与客户见面时应主动问候客户，以表达对客户的尊重。

4. 问候技巧

1)主动问候

在汽车商务场合汽车服务人员主动问候客户会使对方感受到热情和温暖，也能在接下来的交流中起到引导客户的作用。

2)声音清楚响亮

汽车服务人员与客户会面后，用一声清楚响亮的问候，可以将良好的气氛和心情调动起来。如果声音过小，客户尽管听到你说话了，但又没听清楚，他就会追问一声"你说什么"，原本诚恳的问候倒变成了一种解释，气氛多少有点尴尬。因此，明亮的问候声可以将发自内心的热忱传达给对方,起到良好的沟通作用。

3)目视对方

汽车服务人员向客户问候的时候要注视对方的眼睛、微笑、点头、寒暄,目光坦诚地表达对客户的欢迎,这样的问候才能起到传情达意的效果。反之,如果问候时眼神游移不定,会给对方造成一种不受尊重、被敷衍的感觉。

4)因人而异

问候不是一件随意的事情,不能一概而论,问候的对象不同,内容和方式也应随之改变。汽车服务人员接待客户时,应充分考虑客户的年龄、性别、身份等综合因素。比如看到一位年轻妈妈带着小孩来展厅看车,可以先亲切地问候一声"小朋友,你好"。

5)简洁明了

问候是汽车服务人员与客户见面之初的一个小礼节,无须过分繁锁。简洁又发自内心的热情问候,才容易感染和打动客户。良好而得体的问候可以让汽车服务人员与客户的关系更快的熟悉起来,使后续的交流事半功倍。

五、握手礼仪

在汽车商务活动中,握手是在汽车服务人员与客户见面、送别、祝贺或致谢时表达情谊和尊重的一种礼节,通常是先向客户打招呼,然后握手,同时进行适当寒暄。

1. 握手顺序

汽车服务人员在与客户握手时,一般可遵循以下顺序进行:

1)常规情况

(1)长辈与晚辈之间,长辈伸手后,晚辈才能伸手相握。

(2)上下级之间,上级伸手后,下级才能伸手相握。

(3)主人与客人之间,主人主动伸手后,客人再伸手相握。

(4)男女之间,女士伸出手后,男士才能伸手相握。

2)特殊情况

(1)如果男性年长,是女性的父辈年龄,在一般的社交场合中仍以女性先伸手为主,除非男性已是祖辈年龄,或女性未成年在18岁以下,则男性先伸手是适宜的。

(2)当客人抵达时,不论对方是男士还是女士,主人都应该主动先伸出手,以表示对客人的热情欢迎。当客人告辞时,则应由客人首先伸出手,表示"再见"之意,如果主人匆匆伸手,则有赶客人走的嫌疑。

(3)一人对多人握手时,一般遵循位尊者先伸手的原则,也可以按顺时针方向依次握手。

2. 握手时间

握手时间的长短可以根据双方的熟悉程度灵活掌握。通常初次见面时握手时间不宜过长,以3~5秒为宜;熟悉的朋友之间握手时间可以稍长一点,但是最长不宜超过20秒。

与异性握手时间1~2秒即可,不可握住不放,也不可即触即闪;与同性握手的时间也不宜过长,以免让对方难受。

3. 握手力度

握手时的力度要适当,稍微用力以示热情,用力过猛则会显得粗鲁无礼。男士握女士的手应轻一些,不宜握满全手,只轻轻握其手指部位即可。如果下级或晚辈紧握你的手,作为上级和长辈一般也应报以相同的力度,这样可以使你的威望、感召力在晚辈或下级之中得到提高。如果双方关系一般,可以稍微用力相握,上下晃一晃即可;如果双方关系密切,可用力上下摇晃几下,表达双方的深厚情意。

4. 正确握手方法

(1)要用右手握手。握手的距离以一步左右为佳,上身稍向前倾,伸出右手,四指齐并,拇指张开,掌心相向,虎口相交,上下抖动2~3次,显得热情有力。男士与女士握手时,应仅轻握其手指部分,显示出绅士风度。

(2)被介绍之后,最好不要立即主动伸手。年轻者、职务低者应根据年长者、职务高者的反应行事,即当年长者、职务高者用点头致意代替握手时,年轻者、职务低者也应随之点头致意。

(3)握手时,年轻者对年长者、职务低者对职务高者都应稍稍欠身相握。为表示特别尊敬,也可用双手迎握。

(4)两人握手时应目视对方,微笑致意或问好;多人需要握手时应按顺序进行,如果了解对方身份可按照由尊而卑的顺序,第一次见面则可按照由近而远的顺序或者顺时针顺序,注意不能交叉握手。

5. 握手禁忌

握手礼虽然在汽车商务场合是非常常见的社交行为,但也有一些须要注意的地方:

(1)不要三心二意,双眼要注视对方。

(2)不要用左手相握。

(3)不要在握手时拍对方的臂膀。

(4)不要在握手时戴着手套或墨镜。

(5)不要在握手时另外一只手插在衣袋里或拿着东西。

(6)不要在握手时面无表情或过分客套。

(7)不要在握手时仅仅握住对方的手指尖,好像有意与对方保持距离。

(8)不要在握手时把对方的手拉过来、推过去,或者上下左右抖个没完。

(9)不要拒绝和别人握手,即使有手疾或汗湿、弄脏了,也要和对方说明原因,表示歉意,以免造成不必要的误会。

五、名片礼仪

在汽车商务活动中,名片的功能是能够帮助汽车服务人员与客户尽快熟悉起来,是一种最简单的交流方式,其好处有:第一,能方便获取客户的基本信息,使言行举止更加得体;第二,与客户在初次见面时能够充分沟通交流,无需忙于记忆。

1. 递送名片

汽车服务人员在向客户递送名片时应遵循以下要点:

1)把握时机

(1)发送名片要掌握适宜时机,只有在需要发送名片时,才会令名片发挥功效。

(2)发送名片一般应选择初识之际或分别之时,不宜过早或过迟。

2)讲究顺序

(1)两人间顺序。

当在两人的场合中须要向对方递送名片时,应按以下顺序进行:

①男性先向女性递名片。

②晚辈先向长辈递名片。

③下级先向上级递名片。

④主人先向客人递名片。

(2)多人间顺序。

向多人发送名片时,切勿按跳跃式进行递送,可以分为下列两种情况:

①熟悉客户的职务高低时,按照职位由高到低递送。

②不熟悉客户的身份时,按照由近及远的原则递送。

3)动作规范

发送名片时应先打招呼后递名片,如果是坐着的,递送名片时应当起立或者欠身递送。用双手或右手持握名片上端的两角递送至客户胸前,让客户容易接,不要用左手或用手指夹着名片递送。递送名片时应将名片正面对着客户,如客户为外宾应将名片上印有外文的一面对着对方。递送名片时,应伴随礼节性用语如"请多多指教""多谢关照""常联系"等。

2. 接受名片

当接受对方递来的名片时,为使对方感受到充分的被尊重,也应注意以下要点:

1)态度谦和

接受客户名片时,要马上停下手头事情,立即起身相迎,面带微笑注视对方,以双手或右手接过名片。

2)认真阅读

接过名片后,为表示对客户的尊重,同时尽快掌握客户的基本信息,需要认真阅读名片。

3)有来有往

接受客户名片后要当即回敬对方,递上自己的名片。

4)精心收藏

接到客户名片后,应将名片小心地放在自己的名片夹内或上衣内侧口袋内。

3. 索取名片

当在汽车商务场合需向对方索取名片时,常用以下三种方式。

1)"主动索取"

如汽车服务人员可主动向客户提出:"×先生(女士),方便交换一下名片吗?之后店里有什么优惠活动我可以及时通知到您。"

2)"抛砖引玉"

如汽车服务人员先将自己的名片递给客户:"×先生(女士),这是我的名片,希望今后能多多指教。"以求客户能予以"回应"。

3)"委婉索要"

如汽车服务人员对客户说:"×先生(女士),今后怎么联系您?",以暗示客户留下名片。

七、介绍礼仪

1. 自我介绍

在汽车商务活动中,汽车服务人员通常要先向客户介绍自己,常用的方式有以下五种。

1)应酬式自我介绍

这种自我介绍的方式最简单,只用介绍姓名即可。如"您好!我叫王明。"它适用于一些公共场合和一般性的社交场合,如途中邂逅、宴会现场、舞会、通电话时。

2)工作式自我介绍

工作式自我介绍的内容,包括姓名、供职的单位以及部门、担任职务或从事的具体工作等3项。

(1)姓名应当一口报出,不可有姓无名,或有名无姓。

(2)供职的单位及部门,应全部报出。

(3)有职务应报出职务,没有职务则可报出目前所从事的具体工作岗位。

3)社交式自我介绍

适用于汽车商务活动中,希望对方能认识自己、了解自己、与自己建立联系的自我介绍。介绍内容可以包括自己的姓名、工作、籍贯、学历、兴趣以及与对方熟人的关系等。如:"×先生,您好!我是宁城院汽车4S店的销售顾问王明,我和您弟弟是同事。"

4)礼仪式自我介绍

适用于讲座、报告、演出、庆典、仪式等正式场合,是一种向对方表示友好和敬意的自我介绍,介绍内容包括姓名、单位、职务等。自我介绍时,应适当加入一些谦辞和敬语。如:"各位领导、嘉宾,大家好!欢迎大家来到新车发布会现场,我叫王明,是宁城院汽车4S店的销售部经理,今天由我来给大家介绍这款新车,介绍过程中有任何问题大家可以随时提出,谢谢大家的支持。"

5)问答式自我介绍

针对对方提出的问题,做出自己的回答。这种方式适用于应试、应聘和公务交往等场合,如在某工作面试现场,考官提出:"先生,请您做一下自我介绍。"回答:"各位考官,大家好!我是来自宁城院汽车营销专业的应届毕业生杨帆,我在宁城院汽车4S店实习了半年的时间,我今天应聘的岗位是销售顾问。"

2. 居间介绍

1)居间介绍原则

在汽车商务活动中,通常也要作为中间人为他人介绍,此时应注意以下4个原则。

(1)作为中间人为他人介绍时,最重要的礼仪是顺序问题,居间介绍原则是先卑后尊。居间介绍的礼仪顺序主要有以下几种:

①介绍女士与男士认识时,应先介绍男士,后介绍女士。

②介绍上级与下级认识时,应先介绍下级,后介绍上级。

③介绍长辈与晚辈认识时,应先介绍晚辈,后介绍长辈。

④介绍客人与主人认识时,应先介绍主人,后介绍客人。

当上面有几个条件发生交叉冲突时,优先介绍顺序依次为:职位、年龄和性别。

(2)居间介绍时,应简洁清楚,不要含糊其辞。可简要地介绍双方的职业、籍贯等情况,便于不相识的两人相互交谈。

(3)居间介绍时,不可用手指指着对方,应有礼貌地以手掌示意。

(4)居间介绍时,如果双方都有很多人,应先从主人方的职位高者开始介绍。

2)居间介绍语言技巧

(1)被介绍的双方应面对对方,显示出想结识对方的诚意。介绍完毕后,双方可以握一握手并礼貌地说"您好!""幸会!""久仰!""很高兴认识您!"等客气话以表示友好。

(2)中间人应选择双方都感兴趣的内容进行介绍,促使双方结识。

例如:中间人把朋友介绍给一位汽车代理商的朋友认识:"这位是我的好朋友郑宇,是一位大学老师。"汽车代理商并不以为然。但是,如果换上另一种说法:"这位是我的好朋友郑宇,在大学当老师,他哥哥是宁城院汽车4S店的销售部经理。"汽车代理商立刻兴趣大增,因为他最近正好有一单生意要与汽车 4S 店合作,他主动与郑宇聊起来,并互留了联系方式。

(3)中间人应着重介绍双方的共同爱好。

例如:"王明平时也很喜欢打篮球,有机会你们俩可以到球场上切磋切磋。"这种介绍可以帮助双方迅速找到共同话题,建立友谊。

(4)征得同意后再居间介绍。

多数人在陌生的社交场合中往往不太习惯主动介绍自己,因此中间人可以采用征得双方同意后再引荐的介绍方法,会显得居间介绍更为得体。例如:"丁丽,我可以介绍王明先生给你认识吗?"通过双方的熟人进行居间介绍,可以让大家感到非常舒适和自然,避免不必要的尴尬。

八、引领礼仪

在汽车商务活动中,引领礼仪是用来引导客户,为客户指示方向的,同时还起到树立形象和传达感情的作用。通过引领礼仪,可以尽显汽车服务人员的优雅和风度。手势礼仪是一种体态语言,是通过手及手指活动传递信息的一种方式,在人与人之间沟通过程中,恰当的手势可以起到强调、辅助的作用。

1. 引领位置

在为客户引领位置时,汽车服务人员应注意自己的站位:

(1)汽车服务人员应站在客户的左前方,距离客户 1～1.5 米,保持友好的社交距离,传达"以右为尊、以客为尊"的理念。

(2)客户人数越多,引领客户时的站位也应该越远,以免照顾不周。

2. 引领手势

汽车服务人员在为客户引领时,不同的情况应使用不同的手势。

(1)引领一位客户时,大多使用"横摆式"手势。

(2)引领多位客户时,可以使用"双臂横摆式"手势。

3. 引领语言

汽车服务人员在引领客户时,也应配合使用不同的引领语言。

(1)在引领客户时,汽车服务人员应目视对方,面带微笑,用规范的引领语并使用敬语"您好!""您这边请!"以表达对客户的尊重。

(2)引领客户行进时应不时回头关注客户,遇有楼梯或拐弯、不平之处要及时提醒客户注意。引领时应对客户招呼"请跟我来",同时伴以引领手势,手势要求规范适度。

4. 引领地点

在不同地点引领客户行进时,应分别注意以下要点:

(1)走廊处。汽车服务人员应走在客户侧前方,保持两三步的距离,尽量走在走廊一侧,让客户走在道路中央,与客户保持步调一致。

(2)楼梯处。引领客户上楼梯时,应该让客户走在前面,汽车服务人员走在后面,以确保客户安全。引领客户下楼梯时,应该由汽车服务人员走在前面,客户走在后面,以确保客户安全。途中有拐弯或台阶的地方要注意使用手势指引客户,提醒客户"这边请"或"请注意楼梯"等。

(3)电梯处。

①引至电梯口。如果只有一位客户,汽车服务人员应按住按钮,请客户进入。如果有两位以上客户,汽车服务人员按好按钮后应与电梯门成90°角站立,用靠近电梯门一侧的手采用直臂式手势护梯,另外一只手采用曲臂式手势请客户进入。

②陪同进入。如果只有一位客户,汽车服务人员按好按钮后先请客户进入,然后紧跟进入,站到电梯内控制按钮附近,身体背对电梯,与电梯门成90°角。如果有两位以上客户,汽车服务人员按好按钮后先说"请稍等",然后走进电梯,用一只手按住按钮,另一只手采用横摆式手势邀请客户进入,电梯内尽量侧对客户。出梯时,用一只手按住按钮说"您先请",另一只手采用曲臂式手势请客户出去,等客户都走出去后,再走出去引领客户。

(4)洽谈区。

①开门。面对手拉门时,汽车服务人员应拉开门说:"请稍等",站在门旁,一只手握住门把手,另一只手采用曲臂式手势请大家进门。面对手推门时,汽车服务人员应推开门说:"请稍等",然后先进,一只手握住门把手,另一只手采用横摆式手势请客户进来。

②关门。客户进门后,汽车服务人员迅速将门轻轻关好,快速走到客户左前方,用横摆式手势引领客户前往洽谈区。

③引领入座。汽车服务人员引导客户到达洽谈桌前,双手拉开座椅,采用斜臂式手势指示座位,引导客户入座,同时,微笑地说"×先生(女士),您请坐"。

案例分析

在社交过程中,魏总和杨董的问题分别在于:

(1)魏总没有找到合适的时机向杨董递送名片。

(2)杨董在接过魏总的名片后没有遵守起码的名片礼仪。

为避免社交过程中的尴尬,建议如下:

(1)魏总应等待杨董相对空闲的时候再走过去递送名片并自我介绍。

(2)由于魏总和杨董之前并不认识,魏总贸然前去递送名片很容易遭到拒绝,因此如果找一个中间人居间介绍,则可以避免出现尴尬的场面。

(3)杨董出于礼貌,应立即暂停聊天,站起来面对魏总用双手或右手接过名片,并认真阅读名片,适当寒暄,方便的话,还可以将自己的名片回送给魏总,为今后的企业合作打下良好基础。

实战演练

1. 情景模拟

在汽车4S店中,汽车服务人员应用上述社交礼仪迎接到店客户,并将客户带到洽谈区入座,其中客户可以分为预约到店的老客户和随机到店的新客户,分别采用不同的方式进行迎接。

2. 演练内容

(1)学生以小组为单位,分别按照上述两种客户类型,进行汽车4S店迎接到店客户的情景演练,重点练习表情、问候、握手、名片和引领等社交礼仪,注意在接待男士和女士时社交礼仪上的区别。

(2)由组长组织小组成员进行各种社交礼仪的练习,互相检查、讨论和学习。

3. 检查与评估

(1)以小组为单位进行社交礼仪演练成果展示。

(2)在班级中进行评比并排列名次,记入平时成绩。

(3)由教师点评每组同学的表现,对优点提出表扬,对存在的共性问题进行讲解和总结。

项目四　电话礼仪

学习目标

1. 知识目标

(1)掌握电话接听礼仪。

(2)掌握电话邀约礼仪。

(3)掌握电话回访礼仪。

(4)掌握投诉电话处理技巧。

2. 技能目标

(1)能够正确接听客户电话。

(2)能够正确拨打客户电话并成功邀约客户到店。

(3)能够通过电话回访开发客户资源。

(4)能够正确处理客户投诉电话。

3. 素质目标

(1)让学生养成倾听的习惯。

(2)培养学生解决问题的能力。

任务一　电话接听礼仪

电话接听礼仪示范视频

案例导入

上班时间,销售顾问坐在办公桌前,正在整理电脑中的客户资料,这时电话铃响了,销售顾问很快拿起了电话。

情景一:

销售顾问 A:喂,你是谁?有什么事?

客户:你好,请问陈经理在吗?我有事找他。

销售顾问 A:找陈经理?他不在,你待会再打电话过来吧。(直接挂了电话)

客户:喂,喂,怎么挂了电话,我还没讲完呢?

情景二：

销售顾问B:您好！欢迎致电宁城院汽车4S店,我是销售顾问王明,很高兴为您服务,请问有什么可以帮您？

客户:你好,请问陈经理在吗？我有事找他。

销售顾问B:请问怎么称呼您？

客户:我姓李。

销售顾问B:李先生,您稍候,我帮您去找他。

客户:好的,谢谢。

销售顾问B:对不起,李先生,陈经理刚刚离开办公室出去办事了,暂时回不来,您有什么事？我可以帮您转告陈经理。

客户:好的,谢谢你,麻烦你转告陈经理,我明天上午10:00过来签购车合同。

销售顾问B:好的,您放心,我一定帮您转达到。还有其他需要转告的吗？

客户:没有了,谢谢,再见。

销售顾问B:好的,祝您生活愉快,再见！（等待客户挂断电话后再挂电话）

想一想:两个销售顾问在接听客户电话时的处理方式会给客户带来怎样不同的感受？销售顾问A违反了哪些电话接听礼仪？

 知识链接

在汽车销售服务工作中,接打电话是汽车服务人员与客户进行沟通的一种非常有效和非常常用的交流方式,汽车服务人员作为公司形象的代表,其通话过程中的表现将直接影响到一个公司的形象和声誉,因此汽车服务人员需要掌握正确的电话礼仪,来提高客户对服务的满意度。

一、电话接听礼仪要点

在汽车销售服务工作中,接听客户电话时应按以下步骤进行：

(1)打开电脑,准备好记录单和记录工具。

(2)电话在铃响三声内接起。

(3)面带微笑,语气温和,自报家门。

(4)主动询问事由并提供帮助。

(5)复述问题,并与客户进行信息确认。

(6)记录来电客户的相关信息。

(7)确认客户挂电话,自己再挂电话。电话接听礼仪如图4-1-1所示。

图 4-1-1 电话接听礼仪

二、电话接听礼仪规范

作为汽车服务人员,接听客户电话时,开始会处于被动接收信息的状态,但应该迅速地转换角色,变被动为主动,主动搜集客户信息,主动为客户提供解决问题的方法和措施,在礼仪方面做到不松懈,全程以礼相待。

1. 及时接听,做好记录

及时接听电话,可以让客户感受到汽车4S店良好的服务品质,因此,汽车服务人员应严格遵守"铃响不过三声原则"。

在电话铃响三声之内,汽车服务人员拿起听筒向客户说的第一句话应该是:"您好!欢迎致电××汽车4S店。"这是接听电话的基本礼仪。如果电话铃响超过三声后,汽车服务人员拿起听筒向客户说的第一句话应该是:"抱歉,让您久等了。"这样可以消除客户因久等而引起的不满情绪。

接听电话时应随时做好电话记录,包括客户姓名、谈话内容、通话日期、时间以及电话号码等,并在通话结束后将客户信息及时录入到"汽车客户管理系统"中。

2. 态度温和,礼貌用语

接听电话礼仪运用得是否恰当会直接影响客户的态度和看法,所以汽车服务人员在接听电话时,应注意:

(1)首先礼貌问候,然后自报家门,以便客户确认自己是否是想要通话的对象。

(2)态度温和,语言清晰,诚恳有耐心,不装腔作势或虚张声势。

(3)多使用礼貌用词,如"您好""请""谢谢""麻烦您"等。

3. 学会听辨客户的声音

汽车服务人员应该有意识地训练自己的听辨能力。假如对方是老客户,经常打电话来，一开口就能分辨出客户的声音，并用对方熟悉亲切的称谓问好。这样一来，可以给客户留下受到重视的感觉，增强客户的好感。

4. 做到主次分明

(1) 电话铃声一旦响起，应立即专心接听。

当电话铃声响起时，其他事情应全部暂停，即使是你正在忙别的事，都要停下来，立即接听电话。在接听电话时，要专心、认真地领会客户说的话，不要心不在焉，一心两用，与旁人交谈、吃东西、看视频、听音乐等，甚至把话筒搁在一旁，任凭对方"自言自语"而不顾。

(2) 有重要的事情无法分身时，应先向来电客户说明情况。

当汽车服务人员正在接待重要的客户或者开重要会议，不适合与来电客户长时间交谈时，应主动向来电客户表达歉意并说明原因，并简短告诉对方："我正在接待客户或正在开会，等会儿我再给您回电话"。

(3) 同时有两个电话需要接听时，应按照时间先后分别接听。

如果在接听电话的时候，恰好有另一个电话打进来，应先向正在通话的客户说明情况，请他不要挂断电话，稍等片刻。然后去接另一个电话，接通之后告知对方自己稍后再打给他，处理完成后再继续接听前一个电话。

5. 规范代接电话

汽车服务人员在为他人代接电话时，应做到：

1) 以礼相待

在接电话时，如果客户所找的人不是自己，不应显得没有耐心，以"他不在"来回答对方，而应友好地问："先生（女士），您好，对不起，他现在不在店里，有什么需要我转达的吗？"

2) 尊重隐私

代接电话时，不要好奇地询问客户与要找之人的关系。当客户有转告意愿时，注意要尊重他人隐私，不要将通话内容随意传播。

3) 准确记忆

代接电话时，要及时记录客户要求转达的具体内容，对方讲完后应重复一遍，确保转达内容正确无误，以免误事，同时记录对方姓名、通话时间、通话要点、是否要求回电话以及回电时间等。

4) 及时转达

如果答应客户代为转达，应及时转告并亲自向当事人转达，除非万不得已，不要轻易托付给他人，以免使转达内容出现偏差或者因未及时转达而造成时间延误。

电话接听礼仪错误示范和正确示范视频可通过扫描本任务二维码学习。

三、电话接听礼仪流程

1. 做好接听准备工作

接听客户电话时的准备工作包括：

(1)汽车服务人员应将固定电话或手机放置在自己的左手边方便接听。

(2)准备好记录单和记录工具，以便及时记录客户相关信息。

(3)调整好自身情绪，以积极的状态投入到工作中。

2. 保持正确的接听姿态

接听客户电话时的正确姿势为：

(1)接听电话时，轻握话筒，腰背挺直，头与躯干呈一条直线，始终保持优雅姿态。

(2)用左手拿话筒接听，右手拿笔方便记录，避免记录通话内容时手忙脚乱。

(3)带着微笑接听电话，让对方能在电话中感受到你的热情。

3. 接听电话

汽车服务人员在接听客户电话时，应注意以下要点：

(1)接到客户来电后，主动问候并告知客户汽车4S店的名称、所在部门和自己的工号姓名，询问客户来电事宜。

(2)如果想要了解客户基本信息，不要直接问"你是谁"，应礼貌的问，"先生（女士），请问您怎么称呼呢？"

(3)语速语调适中，不快不慢，不高不低，语气温和，措辞礼貌亲切。

(4)接听客户电话时，要随时应答以表示你正在认真倾听。

(5)接听过程中有重要事情需要客户稍作等候时，应及时给予说明并致歉。每过20秒留意一下对方，向对方了解是否愿意继续等待。

(6)电话结束时，感谢对方来电，等客户先挂电话后再挂电话。

4. 接听处理

当接听到需要处理的客户电话时，汽车服务人员应按下列情况进行处理。

1)直接处理

当客户需要帮助时，比如购车咨询、订单查询、新车技术指导等方面的问题，汽车服务人员应热情予以正面解答，不要借故推托。当碰到一些无法解答的问题时，可以帮助客户将电话转接到对口部门加以及时解答，或者将问题记录下来，承诺在24小时内予以答复。

2)间接处理

当客户打电话进来找某位汽车服务人员，而恰好碰到他今天不上班、出差或外出公干等情况时，应礼貌道歉并说明情况，然后在征求客户同意后，用留言或转告的方式帮助客户解决问题。

四、电话接听礼仪注意事项

1. 迅速、礼貌地接听电话

汽车服务人员接听电话要迅速,这是避免让客户产生不良印象的一种礼貌行为。

2. 仔细聆听并积极反馈

通话过程中,要仔细聆听客户说话,并给予积极的反馈。遇到没听清楚或没听明白的情况时,要立即告知对方,及时了解清楚。

3. 规范地代转电话

当客户需要代转电话时,应注意以下几点:

(1)弄清楚客户基本信息,要找什么人,以便联系。
(2)告知客户"稍等片刻",并迅速帮助客户找人。
(3)如果需要向距离较远的人喊话,应用手捂住电话话筒或按下保留按键。
(4)如果需要将电话转到其他部门,应提前礼貌告知客户。
(5)如果要接电话的人不在,应做好电话备忘录,以免遗漏或记错。

4. 特殊情况的处理

接听客户电话时,如果遇到以下特殊情况,则按对应要点进行处理。

(1)电话铃响时,如果汽车服务人员正在接待客户,切忌抛下客户,长时间通电话,这种行为会让客户产生被轻视的感觉。
(2)在接听电话时汽车服务人员不要做与旁人打招呼、说话或小声议论等不尊重客户的行为。
(3)如果通电话时发生突发急事,汽车服务人员应首先对正在通话的客户解释:"对不起,我这里有点急事需要马上处理,稍后给您回电话"。
(4)汽车服务人员接听电话时,在回答客户提问需要向同事请教时,可以说声"请您稍候,我为您咨询一下"。
(5)如果需要使用电话录音,汽车服务人员应事先告知客户现在通话会被录音,询问客户是否介意。
(6)如果对方打错了电话,汽车服务人员不要表现出不耐烦的情绪,或者一言不发的直接挂断电话,应当态度温和地自报家门,友好地告知或提醒对方,给对方留下一个美好的印象。
(7)如果来电需要转接,汽车服务人员可以温馨提示:"×先生(女士),您的问题需要转接技术部门处理,您稍候,我帮您将电话转接过去"。

案例分析

两个销售顾问接听客户电话时带给客户两个完全不同的感受,主要原因在于:

情景一中,销售顾问 A 在接听客户电话时没有遵守基本的电话接听礼仪,接听电话过程中态度生硬,不仅没有解决客户的问题,还给汽车 4S 店的服务形象带来了极其不良的影响,客户也因此对汽车 4S 店的服务质量产生了质疑,无形中有可能流失了客户。

情景二中,销售顾问 B 在接听客户电话时正确地运用了电话接听礼仪,接听电话时充分考虑了客户的需求,帮助客户完美地解决了问题,给汽车 4S 店树立了良好的形象,提升了客户的满意度,也因此留住了客户。

销售顾问 A 违反了以下接听电话礼仪:
(1)没有主动问好并自报家门。
(2)没有主动询问事由并提供帮助。
(3)全程没用礼貌用语,而且态度生硬。
(4)没有等待客户挂电话,自己就先挂了电话。

实战演练

1. 情景模拟

在汽车 4S 店中,汽车服务人员负责接听客户的电话:(1)扮演销售顾问:主要接受客户询价或咨询车辆库存情况电话,负责向客户宣传店内的车辆促销活动,邀约客户到店看车;(2)扮演服务顾问:主要接受客户预约到店保养和维修电话,负责帮助客户预约好到店时间。

2. 演练内容

(1)学生每 2 人组队练习,选择通话情景,进行角色扮演,模拟销售顾问或服务顾问接听客户电话的过程,重点演练电话接听礼仪。

(2)两人小组互换角色,交叉练习,对电话接听话术进行讨论和练习,互相评价、互相学习。

3. 检查与评估

(1)以小组为单位进行电话接听礼仪演练成果展示。
(2)在班级中进行评比并排列名次,记入平时成绩。
(3)由教师点评每组同学的表现,对优点提出表扬,对存在的共性问题进行讲解和总结。

任务二 电话邀约礼仪

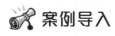
电话邀约礼仪
示范视频

案例导入

宁城院汽车 4S 店打算在国庆长假期间推出一次较大规模的试乘试驾活动,各种款式的车型都将齐聚在一起,供广大客户试乘试驾。销售部门负责活动推广,所有销售顾问近期的主要任务就是通过电话邀约潜在客户到店参加活动。

情景一:

销售顾问A:"您好!请问是李先生吗?这里是宁城院汽车4S店,打扰您2分钟时间方便吗?"

客户:"不行,我正在开会。"

销售顾问A:"就耽误您两分钟,您看可以吗?"

客户:"那你快说。"

销售顾问A:"您最近有在关注×品牌的汽车吧,我们4S店打算在国庆期间举办该品牌各种车型的试乘试驾活动,您有兴趣参加吗?"

客户:"我又没去过你们店,你怎么知道我的信息的。"

销售顾问A:"哦,不好意思,刚才忘记说了,我们是从××汽车网站上获得的信息,我们4S店是该网站的线下体验店。"

客户:"好吧,国庆打算出去旅游,没空参加,下次吧。"

销售顾问A:"很遗憾,再见!"(立即挂断了电话)

情景二:

销售顾问B:"您好!请问是李先生吗?这里是宁城院汽车4S店,我是销售顾问王明,您可以叫我小王。打扰您2分钟时间方便吗?"

客户:"可以,什么事?"

(另一种情况:

客户:"不行,我正在开会。"

销售顾问B:"不好意思,打扰了。那我下午5点左右再联系您,可以吗?"

客户:"可以。")

销售顾问B:"我们4S店是××汽车网站的线下体验店,最近我们收到了您在网站咨询×品牌车辆的相关信息。我们4S店打算在国庆长假期间推出一次该品牌的试乘试驾活动,有各种车型供您选择,您有兴趣参加吗?"

客户:"这次有旗舰款车型参加吗?"

销售顾问B:"有的。"

客户:"那好,我要参加。"

销售顾问B:"李先生非常有眼光,您想要试乘试驾的旗舰版车型在我们店销量排名第二,车主口碑得分排名第一。我们活动时间是10月5日至10月7日,您看您哪天来比较方便呢?我帮您预约登记一下。"

客户:"10月6日下午吧。"

销售顾问B:"好的,我帮您预约在10月6日下午14点,到时由我带您一起体验旗舰版车型,体验过程中,有任何疑问都可以随时提出来。您看这样安排可以吗?"

客户:"可以。"

销售顾问 B:"李先生,到时候我会提前一天再给您打个电话,确定您的到店时间。"

客户:"好的。"

销售顾问 B:"李先生,您可以带上您的家人一起过来,毕竟买车是件大事,家人的意见也很重要。"

客户:"嗯,我会带我太太一起来。"

销售顾问 B:"好的,李先生,小王已经为您预约 10 月 6 日下午 14 点进行×品牌旗舰版车型的试乘试驾,届时请您带上身份证和驾驶证,方便办理相关手续,如您有任何问题,我会持续为您服务,随时为您提供帮助。非常感谢您对×品牌的关注与信任。稍后相关预约信息会以短信的方式发送到您手机,请您注意查收。祝您生活愉快,再见!"

想一想:在上述案例中为什么销售顾问 A 邀约失败,而销售顾问 B 邀约成功?销售顾问 A 违反了哪些电话邀约礼仪?

知识链接

在汽车商务活动中,电话邀约主要是指通过拨打电话邀约新老客户参加各种类型的新车促销活动或者爱车保养维修活动。通过电话成功邀约客户到店参与店内活动是促进成交的一个重要途径。

一、电话邀约礼仪要点

汽车服务人员通过电话邀约客户到店时应注意以下要点:

(1)了解客户基本信息,提前准备好邀约内容。

(2)面带微笑,语气温和,主动自报家门。

(3)语速适中,叙述简明扼要,适当停顿,关注客户反应。

(4)充分尊重客户,耐心解答客户提出的问题。

(5)遵循自愿原则,不强迫客户接受邀约。

(6)记录接受邀约客户的详细信息。

(7)确认客户挂电话后,自己再挂电话。电话邀约礼仪如图 4-2-1 所示。

图 4-2-1 电话邀约礼仪

二、电话邀约礼仪规范

电话邀约是通过拨打客户电话达到成功邀约客户的目的,汽车服务人员是主动拨打电话的一方,客户是被动接听电话的一方,因此在整个通话过程中,汽车服务人员要想塑造一个良好的通话形象,需要掌握一定的电话邀约礼仪规范,把握好通话时间点、通话时长、通话内容、通话礼仪等方面的分寸。

1.选择合适通话时间点

把握好通话时机,选择客户方便的时间打电话,既能使通话达到既定的效果,又能显示对客户的尊重。反之,如果在客户不方便的时间打电话,容易引起对方的负面情绪,造成尴尬的局面。

(1)对于老客户可以选择双方预先约定的通话时间,或者客户方便的时间。

(2)对于新客户,尽量在上午 10:30 至 11:30 或下午 16:30 至 17:30 一般客户相对比较清闲的时间段拨打电话,以便客户有时间从容地应答。

(3)注意不要在客户用餐或休息时间打电话。例如,每日早晨 8 点之前,晚上 18 点之后以及午休时间等。

2.安排好通话时长

如果把握不好通话时长,电话内容过于冗长,容易引起对方的反感甚至直接挂断电话。

1)通话时长的基本原则

以短为佳,宁短勿长。通话时,汽车服务人员应有意识地简化内容,尽量简明扼要。

2)遵守"通话3分钟原则"

汽车服务人员应当自觉地、有意识地将每次通话时长限定在 3 分钟之内。

3. 准备好通话内容

电话接通后,想要在有限的时间内向客户讲明事由,就要抓住要领、思路清晰、内容简洁。汽车服务人员应做到:

1)事先准备

每次通话前,汽车服务人员应把客户的姓名、电话号码、谈话要点等内容做成备忘录,使通话变得有序和有条理。

2)简明扼要

在通话中,汽车服务人员需务实,在问候完毕后,直入主题,少讲空话,不说废话,不要无话找话,要长话短说。

4. 通话表现有礼

汽车服务人员在与客户通话的过程中,应尊重客户,以礼待人,举止和言语要大方得体,端坐并始终保持微笑,语气温和,多使用敬语,如:"请""麻烦""您好""谢谢""拜托"等。遇到特殊情况时,处理方法如下:

(1)如果电话拨过去不是由客户本人接听的,则应请接电话的人代为转接。如果要找的客户不在,可以请其转告来电事由,或者询问客户方便的时间,选择合适的时间再拨打过去。

(2)在与客户通话时,如果电话突然中断,汽车服务人员应再次拨通客户电话予以解释,以免造成客户的误会,以为电话是被故意挂断的。

(3)如果不小心拨错了电话号码,则应礼貌地向对方道歉,不要一声不吭地挂断电话。电话邀约礼仪错误和正确示范视频可通过扫描本任务二维码学习。

三、电话邀约礼仪流程

1. 电话邀约前

汽车服务人员在拨打客户电话前应做好充分的准备,做到胸有成竹、有备无患。

1)明确目的

要清楚自己打电话给客户的目的,这样才能在与客户的谈话过程中抓住重点,从而保证电话拜访的效果。

2)准备好客户信息

在汽车4S店中,不同的岗位需要准备的客户信息是不同的,下面分别以销售服务和售后服务岗位为例加以说明。

(1)销售服务岗位。

①对于老客户,销售顾问需要提前从"汽车客户管理系统"中调取客户的详细信息,例如姓名、来店次数、心仪车型、购车计划、购车用途、对车辆性能和配置要求、基本预算等。

②对于新客户,销售顾问需要准备好向客户提问的大纲,如姓名、常用联系方式(QQ或微信)、心仪车型和对车辆性能以及配置的要求等客户基本信息。

(2)售后服务岗位。

①对于老客户,服务顾问需要提前从"汽车售后服务管理系统"中调取客户的详细信息,例如姓名、车辆型号和牌照号、车辆保养基本情况、上一次到店保养时间和保养项目、本次应保养的项目及基本报价预算等。

②对于新客户,服务顾问需要准备好向客户提问的大纲,如姓名、常用联系方式(QQ或微信)、车辆型号和牌照号、车辆之前的保养情况、上一次保养时间和保养项目、本次需要保养的项目等客户基本信息。

3)准备好回答客户提问

汽车服务人员打电话给客户时,客户会提出一些常见问题,这时服务人员都应给予耐心专业的回答。因此,作为一名汽车服务人员,应该把这些常见问题记录下来,编辑成文本加以保存,当其他客户再次问到这些问题时,能快速给予客户满意的回答。

(1)销售类常见的问题。

汽车促销活动时间、活动地点、活动形式、心仪车型当前销售价格和优惠力度、车辆相关性能和配置情况、库存情况、能否试乘试驾等问题。

(2)服务类常见的问题。

最近去店里保养有什么优惠活动、提前预约工时费能打几折、这段时间发现汽车油耗比之前要高是什么原因、刹车时前轮为什么会有"吱"的声音、上高速公路时当车速超100公里时速方向盘抖动厉害是怎么回事等问题。

4)准备好联系电话本

准备好店内不同部门的联系电话,当汽车服务人员不能准确回答客户提出的问题时,可以将电话转接到其他相关部门帮助解答。

2. 电话邀约中

汽车服务人员在与客户通话的过程中,应随时保持自己的热情,注意自己的电话邀约礼仪。

1)微笑

汽车服务人员一旦开始工作,就要抛开所有个人情绪,拿出职业精神,做好服务工作。在给客户拨打电话时应始终保持微笑,人在微笑的时候说话的声音会让客户感受到亲和力。

2)语速适中

通话过程中,汽车服务人员应采用适中的音量和语速,语调不受情绪的干扰,始终保持平和,给客户树立一种理性、诚恳、可信赖的职业形象。

(1)语速太快,客户一方面可能会听不清楚,另一方面会让客户感觉你在急于推销,容易产生排斥情绪。

(2)语速太慢,会显得办事不干练、做事没效率,客户也容易失去耐心。

(3)语速适中,适应客户调整自己的说话节奏,可以让客户产生认同感。

3)学会减压

电话接通后,汽车服务人员应第一时间进行自我介绍,说明来电意图,主动询问客户是否方便通话,在得到客户允许的情况下表明不会占用太多时间,如:"耽误您两三分钟可以吗?",避免给客户造成压力,对电话产生抗拒心理,确保通话能顺利进行下去。

4)学会倾听

汽车服务人员在与客户交谈的过程中,为了解客户的想法,可以通过向客户提问的方式适当引导客户,在客户说话时学会倾听,多听少说,仔细聆听客户的需求,同时站在中立的立场予以回应,并给客户留下适当的思考空间。

5)学会赞美

与客户通话时的开场白很重要,良好的开端是成功的一半,汽车服务人员在切入正题之前应适当寒暄与赞美,迅速拉近与客户的关系,建立友好的通话环境,可以让客户敞开心扉,有意愿多聊一聊。

6)善用暂停

每当汽车服务人员问完客户一个问题时,可以使用暂停的技巧。如汽车服务人员询问客户:"请问您周末什么时候方便过来呢?"说完可以稍微暂停一下,让客户有时间稍作思考后再回答,给客户以受到尊重的感觉。

7)善用保留

当汽车服务人员不方便在电话中回答客户的某些问题时,可以使用保留的方式。如客户询问销售顾问车辆具体能优惠多少时,销售顾问可以告诉对方:"×先生(女士),车辆价格方面还会有一定优惠,您看最近能不能抽空到店里来一趟,我们当面谈一下。"如此将客户的问题保留到下一次,也是电话邀约客户到店的一个小技巧。

8)学会复述

通话快结束时,汽车服务人员需要将客户的实际服务需求要点总结好,向客户重新复述一遍,并与客户确认有无遗漏之处。

3. 电话邀约后

汽车服务人员应及时将客户信息录入到相关系统中备案,以备之后客户到店时能迅速了解客户的基本情况。

1)销售顾问

在"客户销售信息管理系统"的《潜在客户跟踪表》中填写或完善客户姓名、通讯方式(手机号码、微信、QQ等)、预约到店时间、用车需求、心仪车型等基本信息。

2)服务顾问

在"客户售后服务信息管理系统"的《客户维保预约登记单》中登记客户姓名、通讯方式(手机号码、微信、QQ等)、车牌号码、车型、预约到店时间、维保需求等基本信息。

四、电话邀约礼仪应用案例

1. 产品促销活动

1)活动背景

以宁城院汽车4S店开展汽车促销活动为契机,汽车服务人员通过电话邀约新老客户到店参加活动,享受促销福利。

2)话术举例

"×先生/女士,您关注的心仪车型最近有很大幅度的优惠,如果您周末有空,可以带上您的家人朋友一起来看看,凡是进活动现场的人,都会赠送一份小礼品,订车还可以现场参与抽奖活动,中奖率100%,另外我们还准备了各种小吃和饮品,幸运的话您可以一边赏车试车,一边还能带走大奖哦。"

2. 试乘试驾活动

1)活动背景

宁城院汽车4S店将于本周末举办一次较大规模的试乘试驾活动,大部分车型都参加这次活动,其中就包括客户关注的旗舰版车型,汽车服务人员通过电话邀约客户到店进行试乘试驾。

2)话术举例

"×先生/女士,告诉您一个好消息,我们店于本周末有试乘试驾活动,活动规模比以往都要大,您关注的旗舰版车型这次也参加了活动,车辆是从其他店调配过来的,机会非常难得,如果您周末有空,可以来参加一下活动,亲自体验一下您心仪已久的车型哦。"

3. 新车发布会

1)活动背景

国庆期间×汽车品牌将举办一场大型的新车发布会,推出当季最新款的新能源汽车,包括油电混动车和纯电动车,汽车服务人员通过电话邀约新老客户参加这次新车发布会活动。

2)话术举例

"×先生/女士,我们公司将在10月6日举办一场新车发布会,主推最新出品的新能源汽车,包括油电混动车和纯电动车两种类型。特别邀请您和您的家人朋友一起过来参加,稍候我会给您的手机发送一个发布会领取门票的二维码,您关注我们公司的公众号即可免费领取两张门票,届时期待您的光临哦。"

4. 汽车展销会

1)活动背景

国际会展中心将于11月11日到11月14日举办一场大型的汽车展销会,届时多家知名汽车品牌都会参加,并在与会期间推出了力度较大的促销活动,汽车服务人员通过电话邀约新老客户参加此次汽车展销会活动。

2)话术举例

"×先生/女士,11月11日到11月14日在国际会展中心有一场大型的汽车展销会,大部分知名汽车品牌都会参加,也包括我们公司品牌。展销会期间我们品牌的大部分车型都有不同幅度的降价,上次您来我们店时说最近打算购车,因此特别邀请您和您的家人朋友一起过来看看,让您享受到最大的优惠力度。稍候我会给您的手机发送一条短信链接,您点击进去即可免费领取两张门票,届时期待您的光临哦。"

5. 自驾游活动

1)活动背景

×汽车有限公司将于本周日组织新老客户进行主题自驾游活动,在活动中一边体验车辆性能,一边推广品牌文化,促销的同时,建立起品牌的良好口碑,汽车服务人员通过电话邀约新老客户参加此次自驾游活动。

2)话术举例

"×先生/女士,这周日我们公司为回馈广大客户长期的支持,将举办一次以"桃李芬芳之旅"为主题的东钱湖自驾游活动,主要邀约对象是教师。特别邀请您和您的一位家人或朋友一起过来参加,车辆和所有费用都由我们提供,让您在深度体验车辆性能的同时,自由自在的享受旅途快乐。由于名额有限,如果您有兴趣的话,可以尽早报名哦。"

6. 开展汽车安全知识讲座

1)活动背景

汽车服务人员通过电话邀约新老客户参加汽车安全知识讲座,并在现场参与有关汽车安全主题的趣味游戏,通过寓教于乐,纠正驾驶员在日常驾驶和汽车保养中常犯的一些错误。

2)话术举例

"×先生/女士,我们店将于本周六下午2:00在宁波大酒店举办一场汽车安全知识讲座,届时将聘请汽车方面的高级技术顾问到现场进行讲解和演示,同时穿插趣味互动游戏,游戏获奖者会赠送额度不等的汽车保养券,当天过来参加讲座的客户还可以在酒店享用免费的自助晚餐,您作为我们店的老客户,特邀您来参加我们这次活动,期待您的光临哦。"

五、电话邀约礼仪注意事项

1. 讲文明讲礼貌

电话邀约过程中,讲文明讲礼貌是对汽车服务人员的基本要求,每一通电话从接通到最后挂断,客户可能不记得你的名字,但一定会记住汽车4S店的名字,为了维护公司的形象,要注意时刻保持良好的电话邀约礼仪。

2. 掌握客户信息

在电话邀约前,对老客户,要仔细查看客户的资料,掌握客户基本信息,方便在通话过程中找到话题,有效拉近距离。对新客户,要主动询问其相关信息,尽快建立起良好的客户关系。

3. 养成记录习惯

汽车服务人员需及时在"汽车客户管理系统"中记录通话要点及客户需求,保持这个习惯可以为下一次交流做好铺垫,让客户感觉备受重视,同时认为你是值得信赖的服务人员。

4. 避免透露细节

汽车服务人员在电话邀约时,可以向客户介绍活动主题和活动项目,但是应该避免透露具体的活动内容和活动细节,制造一些悬念,保留一些惊喜,从而吸引客户到现场来参加活动。

5. 后挂电话

当通话结束时,不管有没有邀约成功,汽车服务人员都要保持应有的礼貌态度,需等待客户挂断电话后再挂电话。

 案例分析

销售顾问 A 在邀约过程中有点强人所难,当客户说现在开会不方便接听电话时,仍然坚持讲完电话,客户表面上答应了,实际上心里已经滋生了不满情绪,因此后续的配合度就会降低。另外,销售顾问 A 在没有讲清客户信息来源之前,就直接邀约客户,导致客户产生怀疑,不满情绪更盛,最终使邀约失败。

销售顾问 B 在邀约时顺应客户的情绪点,根据客户要求灵活调整通话时间,主动告知客户信息来源,严格遵守电话邀约礼仪,让客户在通话过程中能保持心情舒畅,配合度也随之升高,最后很自然的接受了邀约。

销售顾问 A 违反了以下电话邀约礼仪:

(1)忘记做自我介绍。

(2)没有把握好通话时机,引起客户的负面情绪。

(3)没有准备好通话内容,引起客户的质疑。

(4)通话结束时没有遵守后挂电话的礼仪。

实战演练

1. 情景模拟

在汽车 4S 店中,汽车服务人员主动拨打客户电话:

(1) 扮演销售顾问:告知客户近期店内将举办汽车促销活动,优惠力度很大,邀请客户到店看车,并与客户确认预约到店时间。

(2) 扮演服务顾问:温馨提醒客户爱车的保养时间已到,最近店内有购买机油套餐打折促销活动,邀约客户到店进行爱车保养,为客户预约并安排方便的到店时间。

2. 演练内容

(1) 学生每2人组队练习,选择通话情景,进行角色扮演,模拟销售顾问或服务顾问电话邀约客户到店的过程,重点演练电话邀约礼仪。

(2) 小组两位同学互换角色,交叉练习,对于电话邀约话术进行讨论和练习,互相讨论、互相学习。

3. 检查与评估

(1) 以小组为单位进行电话邀约礼仪演练成果展示。

(2) 在班级中进行评比并排列名次,记入平时成绩。

(3) 由教师点评每组同学的表现,对优点提出表扬,对存在的共性问题进行讲解和总结。

任务三　电话回访礼仪

电话回访礼仪示范视频

案例导入

宁城院汽车4S店客服中心正在对近期来访的客户进行定期电话回访活动,充分了解客户的到店体验,听取客户对4S店服务的意见和建议,并及时加以跟进和解决。

客服专员:"您好,请问是李先生吗?不好意思打扰您了,我是宁城院汽车4S店的客服专员杨帆,您上周末来我们店看过车,现在想耽误您2分钟时间,跟您做个简单的回访,请问您现在方便吗?"

客户:"可以。"

客服专员:"好的,谢谢您了。下面问您几个问题,您还记得当时接待您的销售顾问是哪一位吗?"

客户:"小赵。"

客服专员:"您觉得小赵的服务质量如何?"

客户:"服务还挺周到挺细致的。"

客服专员:"他最近还在继续与您联系吗?"

客户:"他昨天还联系过我。"

客服专员:"您当时关注了我们店的旗舰版车型,不知您是否已经买到了自己心仪的车辆?"

(1)第一种情况。

客户:"暂时还没有。"

客服专员:"不知您现在在购买新车方面还有哪些顾虑呢?"

客户:"主要还是预算方面的问题吧。"

客服专员:"预算方面您可以考虑分期付款或二手车置换哦,具体优惠政策我会让小赵跟您详细说明。"

客户:"好的,谢谢。"

客服专员:"李先生,您对我们的工作还有什么建议吗?"

客户:"希望汽车在价格方面能有更多的优惠。"

(2)第二种情况。

客户:"已经买了。"

客服专员:"恭喜您,不知道您是什么原因没有选择我们店的车呢?"

客户:"因为是给儿子买的,年轻人比较喜欢运动时尚的感觉,你们店的车总体感觉偏商务。"

客服专员:"好的,李先生,您对我们的工作还有什么建议吗?"

客户:"希望你们能推出更多适合不同年龄段的新款车型。"

(3)共同话术。

客服专员:"好的,谢谢您!我会将您的建议及时反馈给公司。本周末我们店与××汽车网站联合开展了汽车团购活动,优惠力度很大,诚邀您来我们店参加这次活动。"

客户:"好的,这周末我正好有空,我朋友最近也在考虑买车,我会带朋友一起过来看看。"

客服专员:"非常感谢您,我会通知小赵进一步跟您确定到店时间,到时候由他来接待两位。"

客户:"好的。"

客服专员:"李先生,以后有任何汽车方面的需求,请随时联系我们,我们都将竭诚为您提供优质的服务。感谢您接受我的回访,祝您生活愉快,再见!"

客户:"再见!"

想一想:客服专员扬帆在电话回访中的礼仪做得是否到位?你觉得有什么值得借鉴或需要改进的地方吗?

知识链接

为了提高汽车4S店的服务水平,维护好老客户,挖掘出新客户,了解客户想要什么,最需要什么,通过电话回访可以第一时间收集到客户对我们的服务质量和产品质量的反馈意见,能在很大程度上提升我们的服务能力,树立汽车品牌的良好声誉。

一、电话回访礼仪要点

(1) 了解回访客户情况,准备好回访内容。
(2) 面带微笑,呼入电话后,语气温和,主动自报家门。
(3) 语言要简洁,时间要简短。
(4) 回访目的明确,提问条理清晰,内容全面。
(5) 提问后注意倾听,多听少说。
(6) 及时记录客户意见或建议。
(7) 确认对方挂电话,自己再挂电话,如图4-3-1所示。

图4-3-1 电话回访礼仪

二、电话回访的重要性

电话回访是汽车4S店通过客服专员给客户拨打电话来进行产品或服务满意度调查、客户消费行为调查、客户关系维护的一种常用方法。通过电话回访,可以迅速接收客户的反馈信息,不断改善服务水平以提升公司品牌的口碑和社会影响力。

1. 提升客户满意度

电话回访是客户服务的重要内容,做好电话回访是提升客户满意度的重要方法。细节决定成败,汽车服务人员应认真对待每位客户,只有点滴积累才会有大的收获,因此,搜集每位客户的反馈信息是汽车4S店在进行电话回访时的重要目的。通过电话回访可以全面了解客户对产品和服务的反馈,验证工作成果,及时有效地跟进客户投诉和客户抱怨,提出让客户满意的解决方案,让客户感受到充分的被重视和被尊重,从而提升客户满意度。

2. 实现精准销售

通过电话回访,可以掌握客户的消费行为习惯,实现对客户的精准销售。客户消费行为调查的基本内容是对影响消费者市场需求的因素开展调查研究,具体体现在职业、教育、收入、家庭、消费者心理和购买行为等方面。通过电话回访,对客户消费行为进行调查可以掌握客户对产品的满意度,调查竞品车型的优缺点,以及产品对应的消费人群属性,比如他们的性别、收入、兴趣爱好和消费习惯等,凭借对这些调查数据的搜集和分析可以实现面向客户的精准销售,有效提高销售业绩。

3. 创造客户价值

电话回访不仅能让客户有认同感,还能创造客户价值。对汽车4S店来说,电话回访是拉近汽车服务人员与顾客距离、增强沟通、建立互相信任关系、提升忠诚度、留住老客户、开发新客户的一种重要手段。客户的满意是一种永久的广告,也是一种最有效的广告,不但他们自己会再来光顾,而且还会把他们的朋友带来,因此,通过老客户的介绍,能有效增加转介率,带来更多新客户。

4. 促进产品品质

通过电话回访,听取客户反馈,能促进产品各方面品质的提高。只有真正关注产品的客户才能及时客观地指出产品的优缺点,因此,通过对新老客户的定期回访,可以快速直接地了解客户对产品的真实想法和建议。通过对客户反馈信息的整理和分析,可以充分发挥产品优势,改进产品劣势,从而不断提升产品的品质、实用性和适用度。

综上所述,成功的电话回访是通过提供超出客户期望值的服务来提高客户对品牌或产品的赞誉度和忠诚度,从而创造新的销售可能。对客户的关怀需要持之以恒,对客户的服务也需要持之以恒,通过电话回访等形式可以达到增值产品,提升销售量的功效,是成本最低也是最有效的方式之一。

三、电话回访礼仪规范

为了让电话回访的效率更高、效果更好、满意度更高,学会使用电话回访技巧,特别是使用"定时回访法"即按照不同的时间对客户进行回访,采用这种方法会得到意想不到的效果。汽车服务人员在采用"定时回访法"的过程中应注意以下一些电话回访礼仪。

1. 对待客户的态度和称呼要礼貌

(1)礼貌是电话交谈的基本态度,有礼貌才会对客户表现出尊重,客户才会愿意与你交谈,这就是电话交谈的基础。有礼貌还表现在与客户交谈时语气友善,热情和蔼,这些良好的态度,会使客户产生愉悦感、亲近感和信赖感。

(2)对客户要有恰当的称呼,如"×先生/女士""×老师""×经理"等,使对方感到亲切、被尊重。在此基础上,客户才会愿意向我们说出心中对产品和服务的真实感受和期望,同时也乐于接受我们的解释说明。

2. 确定合适的客户回访时间

例如,对于已经购买我们品牌汽车的客户可以采用"定期回访法"进行定期回访,回访工作是在了解客户的基本情况之后进行的,它可以帮助我们决定合适的客户回访时间,具体时间标准可以参考表4-3-1所示。

表4-3-1 汽车4S店客户回访时间标准

次第	时间	回访内容
第一次	交车当天下班前	询问客户是否安全到家,恭喜客户喜提爱车,祝客户行车平安,有需要随时电话联系
第二次	交车第三天	询问客户用车感受,有无功能不明,告知客户行车安全与省油技巧,有需要随时电话联系
第三次	交车一星期	询问客户目前开了多少公里,油耗如何,夸奖客户开车省油。询问客户用车感受,有无功能不明,有需要随时电话联系
第四次	交车两星期	询问客户用车感受,有需要随时电话联系。同时询问客户有没有同事、朋友或亲戚有购车意向,请客户帮忙介绍并赠送保养券给客户
第五次	交车三星期	告知客户购车快一个月了,询问用车感受、里程情况和油耗情况,提醒车辆首次保养时间,有需要随时电话联系
以后	每月回访一次	与客户适当寒暄并交流感情,告知客户近期有汽车促销活动,询问客户有没有同事、朋友或亲戚有意向买车,邀请共同前来参加汽车促销活动

3. 注重客户分类

针对不同类别的客户应采用适合客户的电话回访礼仪,以增强客户的满意度。根据客户实际的满意度可以将客户划分为:

1) 十分满意客户

这类客户属于忠实客户。对于这类客户,汽车服务人员应首先了解客户对产品和服务在哪些方面比较满意,并认真加以记录,作为老客户信息保存下来。然后再温馨提醒客户在平时用车中的注意事项和安全问题,让客户感受到关心和贴心。最后很重要的一步是向客户宣传新产品和近期的产品促销活动,邀请客户带上亲朋好友一起来参加,进一步拓展客户群体。

2) 一般满意客户

这类客户属于对产品和服务不是很满意的客户。这些客户只是对产品或服务稍有不满情绪,只要处理得当,很容易化解这些消极情绪。因此,对于这类客户,汽车服务人员应主动沟通,了解客户对哪些方面还不够满意,及时记录下来,并代表公司对客户表达歉意,态度诚恳地表示会立即处理并及时给予答复,让客户能迅速产生较大的改观。

3) 不满意客户

这类客户属于对产品和服务很不满意的客户。这些客户对产品或服务的不满情绪高涨,往往会通过投诉来表达他们的不满,作为汽车服务人员,不能受到客户情绪的影响,应始终保持良好的电话沟通礼仪,倾听客户的诉求并记录下来,不要急于解释,应第一时间表达歉意,同时表达共情和充分理解,站在客户的角度与客户一起分析问题原因,承诺会在24小时内给予答复。

4. 明确客户需求

如果在客户找汽车4S店解决问题之前,对客户进行电话回访,更能体现出汽车4S店对客户的关怀。一般在客户购车前了解时、购车后遇到问题时、想再次消费时是客户回访的最佳时机。汽车服务人员可以通过定时回访的方式了解现阶段客户对产品和服务的看法,以及继续购买公司产品的可能性。如果能掌握这些客户信息,明确客户的个性化需求,及时联系到需要帮助的客户,提供相应的支持,将大大提升客户的回头率。

销售服务和售后服务电话回访礼仪视频可通过扫描本任务二维码学习。

四、电话回访礼仪流程

1. 充分准备

当汽车服务人员打算电话回访客户时,应事先准备好客户资料,准备好结构合理、精心编排的问卷,同时设计好回访客户的相关问题。

2. 寒暄致意

打电话时声音是代表汽车服务人员修养与素质的一张名片。要调节好自己的情绪,保持微笑,用礼貌和热情的声音与客户寒暄问好,让客户感受到真诚和专业的服务。

3. 自我介绍

电话回访时,汽车服务人员应采用工作式自我介绍。工作式自我介绍的内容,包括本人姓名、供职单位以及部门、担负职务或从事的具体工作等三项。如:"×先生/女士,您好!我是宁城院汽车4S店的销售顾问××"。

4. 说明来电意图

汽车服务人员应对客户简短明了地表明电话回访意图,让客户感受到来电的诚意,注意礼貌用语,采用尊称。如:"×先生/女士,您好!您昨天在我们4S店购买了一辆SUV,现在想花2~3分钟对您进行一个回访,您看现在方便吗?"

5. 电话回访问答

按照回访问卷耐心引导客户回答问题,记录并复述客户反馈的问题,根据实际情况作好处理。当客户感受到汽车服务人员专业的服务态度时,就会非常愿意配合电话回访工作。这个步骤是电话回访流程中最重要的一个环节。

6. 事后沟通

针对客户提出的问题,汽车服务人员应在24小时内给予明确答复,并再次询问客户对解决方案是否满意,继续跟踪服务,直到客户满意为止。

五、电话回访礼仪注意事项

1. 注意说话的语速、音量和语气

说话语速尽量放慢,音量适中,语气温和,要有抑扬顿挫的节奏,让客户听起来感觉舒服,避免例行公事、毫无感情的说话方式。

2. 多听少说,多让客户说话

在电话回访环节中,尽量引导客户多说话,对于客户的描述要及时、热情地回应,让客户感受到你在用心倾听,这样能够便于分析客户的需求,了解客户对服务的满意度。

3. 叙述简短、条理清晰

打电话时说话要简洁明了,不要占用客户太多时间,以免引起反感。但是一定要将客户的疑虑或疑问解释清楚,对于解决不了的问题应及时记录下来,通话完毕后再寻找解决方案。

4. 在恰当时间点进行电话回访

不要在客户繁忙或休息的时候进行电话回访,否则容易遭到客户的拒绝。一般电话回访时间最好定在早上 10:30 至 11:30 或者下午 16:30 至 17:30。

5. 如遇本人不在,应询问原因,确定下次回访时间

当电话不是客户本人接听时,可以礼貌向代接电话者询问客户不在工作单位的原因,比如休假、病假、辞职、出差还是临时出去了,便于确定下次电话回访的时间。

6. 结束时要有祝福语

为了让客户感受到汽车服务人员的专业度,给客户留下良好的印象,方便后期跟踪回访,结束语应说"祝您工作顺利、生活愉快!"等祝福语。

7. 及时记录回访内容

回访完成之后,针对客户提出的问题,应及时记录在电脑的客户管理信息系统中,同时向上级汇报并请示解决办法,制定出合理的解决方案,尽快答复客户。

8. 传递给客户正面积极的情绪

汽车服务人员打回访电话前要求充分调动自己的情绪,保持情绪热情饱满、对客户充满关切,避免在情绪低落时给客户打电话。

六、售后服务电话回访标准用语示例

(1)您好!我是宁城院汽车4S店的客服专员××,工号001,请问您是×先生/女士吗?

(2)×先生/女士,您的爱车于11月11日在我店进行了维修保养,现在需要耽误您

2~3分钟时间对这次服务做个回访,请问您现在方便接电话吗?A.方便——谢谢您!B.不方便——好的,请问您什么时间比较方便呢?(记下时间)我会在约定时间打给您,不好意思打扰您啦,谢谢您,祝您用车愉快!再见!

(3)以下问题将围绕本次服务展开,有五个选项供您选择,分别是非常满意、满意、一般、不满意和很不满意。

(4)您来我们店有预约吗?(如果有)您对我们的预约服务满意度如何?非常满意/满意/一般/不满意/还是很不满意?

(5)在车辆故障诊断方面,您对服务顾问专业方面的满意度如何?非常满意/满意/一般/不满意/还是很不满意?

(6)在车辆维修前,服务顾问有没有对服务项目进行解释,您的满意度如何?非常满意/满意/一般/不满意/还是很不满意?

(7)在车辆维修前,服务顾问有没有对将要做的服务项目收费进行解释说明,您的满意度如何?非常满意/满意/一般/不满意/还是很不满意?

(8)维修保养完成后,服务顾问有没有对已经做好的服务项目收费进行解释说明,您的满意度如何?非常满意/满意/一般/不满意/还是很不满意?

(9)维修保养完成后,服务顾问有没有对最终收取费用进行解释说明,您的满意度如何?非常满意/满意/一般/不满意/还是很不满意?

(10)交车时服务顾问有没有对您的爱车提供免费清洗服务,您的满意度如何?非常满意/满意/一般/不满意/还是很不满意?

(11)×先生/女士,谢谢您接受回访!祝您生活愉快!再见!

 案例分析

客服专员杨帆的电话回访礼仪做得基本到位,但仍有需要改进的地方。

1. 值得借鉴处

(1)在了解客户疑问后,及时提供了解决方案,同时非常得体的将解释权转交给了专业销售顾问小赵,使销售工作能够找到新的突破口,持续进行下去。

(2)在得知客户已购买其他品牌车辆后,情绪控制得体,没有终止服务,而是继续争取客户,通过邀请客户到店参加活动的方法成功留住了老客户,开发了新客户。

(3)利用客户回访的机会再次邀约客户到店参加活动,并将接待工作转交给客户熟悉的销售顾问小赵,给下一步的销售工作带来了新的机会。

2. 需改进处

(1)没有及时记录客户提出的问题。

(2)通话快结束时,没有复述客户提出的问题。

通常客服专员一天需要拨打多个回访电话,忽略上述两点可能导致汽车服务人员由于记忆不准确产生偏差而无法准确及时地向上级反馈客户提出的问题,给后续服务工作带来障碍。

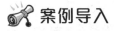 **实战演练**

1. 情景模拟

在汽车4S店中,客服专员对客户进行电话回访。

1)汽车销售过程

通过电话回访,进行销售服务的客户满意度调查,包括:销售顾问的接待服务、洽谈服务、车辆介绍服务、试乘试驾服务等方面。

2)售后服务过程

通过电话回访,进行售后服务的客户满意度调查,包括:服务顾问的预约服务、接待服务、车辆维修保养服务、项目报价收费服务等方面。

2. 演练内容

(1)学生每两人组队练习,选择电话回访情景,进行角色扮演,模拟客服专员给客户拨打回访电话的过程,重点演练电话回访礼仪。

(2)小组两位同学互换角色,交叉练习,对电话回访话术进行讨论和练习,互相讨论、互相学习。

3. 检查与评估

(1)以小组为单位进行电话回访礼仪演练成果展示。

(2)在班级中进行评比并排列名次,记入平时成绩。

(3)由教师点评每组同学的表现,对优点提出表扬,对存在的共性问题进行讲解和总结。

任务四　投诉电话处理技巧

投诉电话接听礼仪视频

案例导入

有一个客户在汽车4S店购买了一辆汽车。大概过了一个月后,客户电话投诉说,汽车右侧副驾驶座玻璃窗升降功能坏了,无法正常升降。经汽车4S店维修部门检查后,发现是一张纸制的广告小卡片从车窗夹缝掉落到车门里面,造成了线路故障。由于是新车,汽车4S店免费帮客户维修了线路,恢复了车窗的升降功能。但是客户认为自己一辆新车被拆开维修,心理上有点接受不了,要求汽车4S店给他更换一辆新车。

想一想:你觉得客户的要求合理吗?汽车 4S 店应该如何应对?

知识链接

投诉产生的根本原因是客户没有得到预期的服务,即实际情况与客户期望之间有一定差距。即使汽车产品和服务已达到良好水平,但只要与客户的期望值之间有距离,投诉就有可能产生。因此,在客户接受汽车 4S 店服务的过程中,如果对产品质量、服务质量、维修品质或价格等任一项目感到不满,就会要求汽车 4S 店负责处理或提出相应弥补措施,一旦这些要求得不到满足,就会失去心理平衡,由此产生的抱怨和想"讨个说法"的行为,就形成了客户的投诉。

一、投诉电话处理礼仪要点

汽车服务人员在接听客户投诉电话时,需注意以下礼仪要点:
(1)遵守接听电话的礼仪要点。
(2)认真倾听,不插话,不抢话,不反驳。
(3)确认和记录投诉内容,真诚表达歉意。
(4)与客户及时沟通,认同客户情感。
(5)表明解决问题的态度,与客户约定投诉处理的回复时限。
(6)对客户的理解和支持表示感谢。

二、投诉电话接听礼仪规范

通过电话投诉,客户可以直接快速地表达对汽车 4S 店服务和产品质量的不满情绪,因此电话投诉成为一种最常用的投诉方式。汽车服务人员在接听投诉电话时除了要遵守基本的电话接听礼仪之外,还应遵循以下 5 个方面的礼仪规范:

1. 认真倾听

(1)汽车服务人员不要受到客户语气和情绪的影响,应始终保持平和的情绪和温和的态度,认真倾听客户的诉说。
(2)在客户描述事由的过程中,做到不插话,不抢话,不反驳。
(3)详细准确地记录客户的投诉内容,并向客户复述一遍,确保准确无误。如:"×先生/女士,您反映的问题我已经记录下来了,会立即反馈给相关部门。"整理后将客户信息、投诉时间和投诉内容等详细填写在"客户投诉处理单"中。

2. 做好沟通

(1)汽车服务人员听完客户投诉后,应站在客户的立场上思考问题,充分表达同理心。如:"×先生/女士,您的心情我非常理解,我们一定会尽快帮您解决问题。"

（2）积极与客户沟通，坚持"先处理情感，再处理事件"的原则，尽快平复客户的情绪，及时提出几种解决方案供客户选择。

①如果客户认同其中一种解决方案，汽车服务人员尽量当场给予答复。如："×先生/女士，如果方便的话，请您尽快抽空将车辆开到我们 4S 店，我们会让专业维修技师帮您检查车辆出现故障的原因。"

②当客户不接受当前方案，而是自行提出另一种解决方案时，汽车服务人员可以婉转地说："×先生/女士，您提出的要求我已经记录下来了，我会马上向领导汇报，尽快给您答复。"

3. 明确回复时间

对于可以直接答复的投诉，汽车服务人员应当场或 1 小时内予以答复。对于暂时不能答复的投诉，汽车服务人员应和客户约定答复时限，秉承尽快的基本原则，一般应不超过 24 小时。如："×先生/女士，我们会在 24 小时内给您回复，感谢您的理解和配合。"

4. 填写处理意见

无论整个投诉过程是否圆满完成，汽车服务人员都应将每一次的投诉处理意见如实地填写在"客户投诉处理单"中。

5. 感谢致电

对待客户的投诉电话，不管出于何种原因，交流过程中经历了多少曲折，都应该在电话结束时，向客户表达谢意，并表示一定会及时回复客户处理意见。如："×先生/女士，感谢您对我们服务提出的宝贵意见，我们一定会尽快给您答复，祝您生活愉快，再见！"

投诉电话接听礼仪视频可通过扫描本任务二维码学习。

三、投诉电话回复礼仪规范

处理客户电话投诉非常重要的一个环节就是要进行及时回复，即使是问题暂时没有得到圆满解决，也要在回复时限内主动打电话向客户汇报问题解决的进程，取得客户谅解，让客户放心，这既是投诉电话回复礼仪的基本要求，也是汽车服务人员的重要职责。

1. 选择合适的时间

投诉电话回复原则上应选择在工作时间进行，除紧急情况或经客户事先许可外，不应在客户休息时间给客户打电话。

2. 保留通话记录

回复投诉电话应使用对外公布的服务监督电话或办公电话，保留电话录音。回复时应首先向客户讲明身份，遵守电话服务礼仪的基本规范。如："×先生/女士，您好！我是宁城院汽车 4S 店的客服专员杨帆，工号 001，现在将就您上次来电反映的问题予以答复，为了保证通话服务质量，本次通话将被录音，请您谅解！"

3. 表达清晰

答复客户投诉时,应事先整理好思路,表达时条理清晰、简洁易懂。答复完毕后可用询问的方式确认客户清楚与否,如:"×先生/女士,请问这个解决方案您满意吗?"如果客户尚有疑问,应做出进一步的解释说明。

4. 耐心回复

如果客户对解决方案不满意,汽车服务人员应耐心倾听,认真解释,诚恳道歉。对于客户提出的额外要求,要根据公司规定和自身权限进行回答,并承诺下一次的回复时间。如:"×先生/女士,给您带来的不便我们感到非常抱歉,您提出的要求我需要向领导请示汇报,我们会在24小时内给您一个明确的答复"。

5. 表示感谢

在电话结束时,不要急于挂断电话,应该礼貌询问:"×先生/女士,请问您觉得这样处理可以了吗?您还有别的问题吗?"如果没有,可以说:"×先生/女士,感谢您对我们工作的配合和支持,今后我们一定会不断改善,希望能给您带来更好的服务体验,再见!"

四、投诉电话处理礼仪流程

1. 公司内部投诉电话处理礼仪流程

1)记录投诉电话内容

在"客户投诉处理单"中详细记录客户电话投诉的全部内容,如投诉人、投诉时间、投诉对象、投诉原因、投诉要求等。

2)判断投诉理由是否成立

在了解客户的投诉内容后,要确定客户投诉的理由是否充分,投诉要求是否合理。如果投诉并不成立,可以用委婉的方式答复客户,向客户解释清楚,消除其中的误会,以取得客户的谅解。

3)确定投诉处理责任部门

根据客户电话投诉的内容,确定对应的受理部门和受理负责人。如果是服务质量问题,则应将相关责任人员交给其所在部门进行处理;如果是产品质量问题,则应交给售后服务部门协调处理。

4)责任部门分析投诉原因

相关责任部门应尽快查明客户电话投诉的具体原因及造成客户电话投诉的具体责任人员。

5)提出公平处理方案

依据实际情况,参照客户投诉要求,在政策允许的合理范围内,提出解决投诉的具体方案。

6) 提交主管领导批示

针对客户投诉,主管领导应对投诉的处理方案加以批阅。一旦投诉成立,公司应采取一切可能的措施,尽快解决客户投诉的问题,同时通过免费进行维修、赠送汽车保养券等优惠方式对客户进行安抚,挽回客户对品牌、对公司的好感度。

7) 实施处理方案

对直接责任人和部门主管要根据公司有关规章制度作出相应处罚,并将处罚决定通知客户,尽快收集客户的反馈意见。

8) 总结评价

对投诉电话处理过程进行总结和综合评价,吸取经验教训,提出整改方案,不断完善汽车4S店的经营管理和业务运作,提高客户服务质量和服务水平,降低投诉率。

2. 面向客户投诉电话处理礼仪流程

1) 了解客户投诉的需求

(1) 被关心。客户需要汽车服务人员对他表现出足够的理解和重视,能够设身处地地表示关心,而不是不理不睬或应付了事。

(2) 被倾听。客户需要汽车服务人员耐心倾听他的诉求,并对症下药,帮助他找出解决之道,而不是一味地否认、敷衍或推托。

(3) 专业服务。客户需要汽车服务人员的职业态度和专业素养,需要一位能解决问题,而且愿意将问题负责到底的汽车服务人员为客户提供专业的服务。

(4) 迅速反应。客户需要汽车服务人员的迅速反应,希望听到服务人员说:"我会立即通知相关部门处理您反映的问题"或"您的问题我会马上向相关部门反映",而不是拖延或沉默。

2) 安抚客户情绪

(1) 表达歉意。汽车服务人员接听到客户投诉电话后,如果一味找借口开脱责任,只会让客户的情绪火上浇油,适时的表达歉意会起到意想不到的效果。

(2) 用幽默巧妙缓解。面对客户的负面情绪,汽车服务人员不要急于向客户提问,而应适当采用幽默的语言缓解客户紧张的情绪,然后再采取有效的解决办法。

(3) 用自嘲的方式拉近与客户的距离。汽车服务人员可以站在客户的角度运用自嘲的方式讲述自己的亲身经历,对客户的遭遇表示感同身受,不仅能赢得客户的好感,而且可以拉近与客户的距离。

(4) 避免引发客户不良情绪的行为。在接听客户投诉电话的过程中,容易引发客户不良情绪的行为主要有:一味道歉而不解决问题、与客户摆道理、告诉客户"这是常有的事"、急于下结论、言行不一、缺乏诚意、吹毛求疵甚至反过来责难客户等,因此,汽车服务人员应尽量避免这些行为。

3) 了解客户信息

(1) 聆听。汽车服务人员需要用心聆听客户诉说,找到客户的真正需求,从而获得处理投诉的重要信息。

(2)引导。汽车服务人员需要向客户进行仔细询问,引导客户说出投诉问题的重点,找到双方都认同的观点。

4)提出解决方案并询问客户是否接受

汽车服务人员应在了解客户诉求的基础上,征求客户的意见,与客户讨论解决途径,提出解决方案供客户选择。

(1)客户接受解决方案。如果客户同意汽车服务人员提出的解决方案,则应按照双方达成的一致意见尽快处理,一般在24小时内处理完毕;如遇特殊情况,不能在24小时内处理完毕的,要通知客服中心,及时向客户反馈处理情况。

(2)客户不接受解决方案。如果客户不接受汽车服务人员提出的解决方案,汽车服务人员可以询问客户有什么提议或方案,并记录下来,当超出处理权限时,应及时向上级请示汇报并告知客户处理进程。

五、不同类型客户电话投诉处理技巧

在汽车商务服务的投诉中,会碰到各种不同类型的客户,不同客户的思维方式和行为举止是各不相同的,只有知己知彼,才能百战不殆,因此汽车服务人员应把握客户的性格特征,分析客户的实际需求,从而识别和满足客户的需要。不同类型客户电话投诉处理技巧如表4-3-2所示。

表4-3-2 不同类型客户电话投诉处理技巧

客户类型	声音语言特征	服务人员处理技巧
温和型	说话慢,有耐心	适应客户说话节奏,多聆听
	为人随和,亲和力强	容忍客户的停顿和沉默
	没有主见,不主动	适当加以引导
分析/挑剔型	喜欢用数据说话	同样用数据与客户对话
	经常问为什么	用专业知识回答客户
	喜欢挑战别人	说话坚定、有信心
活泼型	说话快,话多	适应客户说话节奏,耐心倾听
	为人随和,亲和力强	保持幽默、乐观、有信心
	容易沟通,有主见	诚恳沟通,不啰嗦
力量型	声音大,语速快	适应客户说话节奏,保持语气稳定平和
	经常打断别人,没耐心	容许被对方打断,有耐心不争辩
	武断、强势、沟通困难	保持自信,用专业知识与客户沟通

六、投诉电话处理礼仪注意事项

1. 第一时间道歉
接到客户的投诉电话后,汽车服务人员应立即放下手头上的工作,第一时间向客户致歉,并专心聆听客户投诉,适时做出总结复述,表示已经了解问题所在。

2. 态度温和,积极倾听
应保持冷静,积极倾听客户的诉求,诚恳接受批评,保持良好的心态,态度要亲善,语调要温和,用词要恰当,要在和谐的气氛下将事情圆满解决。

3. 认真记录,不敷衍
接听客户电话投诉时,汽车服务人员应认真记录,及时处理,实事求是,不得胡乱承诺或敷衍了事,也不可故意转移话题或欺骗客户。

4. 及时处理,尽快回复
如果碰到投诉无法处理时,应尽快转交上级或委托人员跟进,无论投诉处理情况如何,都要在规定时限内向客户汇报问题处理进度。

5. 积极解决问题
要积极帮助客户解决投诉问题,永远不说"不知道"或"不归我们管""这是领导的事"等之类的话。

6. 把握好最终处理原则
对于客户的投诉要求,一定要把握好最终处理原则,要符合公司规定的服务范畴和产品三包政策,超出该原则的要求不予接受。

7. 不与客户争吵
当客户发脾气时,不允许与客人争吵,应包容、克制、忍耐,保持平和的语气语调,友善劝解和说明。如果碰到个别客户粗言秽语,汽车服务人员也应平静对待,礼貌地提出警告:"×先生/女士,请您使用文明用语,否则很抱歉,我们将结束本次通话。"

8. 不争论、不指责
与客户意见发生分歧时,不要与客户争论或指责客户,不对客户的言论发表评论,可以婉言解释:"对不起,您的问题我暂时无法答复,我已经记录下来,我们会尽快拿出解决方案,24小时内给您答复。"

七、成功处理投诉电话的意义

1. 汽车4S店需要客户的投诉
大部分客户到汽车4S店来消费时,如果感到不满意就会选择直接离开。他们不会花时间和精力来告诉你产品和服务有什么问题,需要在哪些方面进行改进,但是却会在闲聊时告诉周围的人,从而对 4S 店的公司品牌造成不良影响。

因此,一个汽车 4S 店如果从来都没有接到过投诉,并不是一件好事。因为你无法了解客户离店的真正原因,就不知道究竟是什么地方做得不好。汽车 4S 店应该感激那些投诉的客户,让自己能够发现问题并不断改进问题。

2. 通过投诉处理发展汽车 4S 店的忠实客户群

根据对全国汽车用户的调查统计发现,投诉得到迅速解决的客户中有 82% 的客户会继续在原汽车 4S 店消费;投诉得到解决但花费了一定时间的客户中有 54% 的客户会回来,继续在原汽车 4S 店里消费。该调查统计数据说明,如果汽车 4S 店能够妥善而有效地处理客户的投诉,就能把投诉所带来的不良影响降到最低点,在维护好公司形象的同时还能大大提升这部分客户的满意度和忠诚度。

八、投诉电话处理标准用语示例

(1)您好!这里是宁城院汽车 4S 店,我是您的客服专员××,工号 001,很高兴为您服务,请问您贵姓?有什么可以帮到您的呢?

(2)对不起,×先生/女士,给您带来不便我们感到非常抱歉!请问具体发生什么事让您不开心了呢?您能把详细情况告诉我吗?

(3)×先生/女士,您还记得当时是哪一位销售顾问/服务顾问接待您的吗?

(4)×先生/女士,您的车辆故障现象能跟我具体描述一下吗?

(5)×先生/女士,建议您近期抽空将车辆开到 4S 店来,由我们店的专业技术人员帮您检查一下,确定发生故障的原因。

(6)发生这种情况,我们感到非常抱歉,您反映的情况我已经详细记录下来了,我们会及时展开调查并给出相应的处理方案,请您留下联系方式,我们会在 24 小时内与您联系,一定给您一个满意的答复。

(7)×先生/女士,这样的解决方案您还满意吗?您还有别的问题吗?

(8)非常感谢您的理解和配合,我们对给您带来的不便,感到非常抱歉。再次感谢您的来电,再见!

案例分析

国家汽车三包政策规定汽车 4S 店对所售汽车实行"包修、包换、包退"服务。2022 年 1 月 1 日出台的国家最新施行的家用汽车退换货三包内容如下:

(1)在三包期内,如果汽车修理时间累计超过 30 天,或者同一个产品质量问题引发的修理累计超过 4 次的,消费者可以退货或换车。

(2)汽车自销售者开具购车发票之日起 60 日内或者行驶里程 3000 公里之内(以先到

者为准),汽车出现转向系统失效、制动系统失效、车身开裂或燃油泄漏的,消费者可以退货或换车。

3)在三包期内,因严重安全性能故障累计进行2次修理,如发动机、变速器、转向系统、制动系统、悬架系统、前/后桥等部件2次修理后仍不能正常使用的,消费者可以退货或换车。

通过阅读上述汽车的三包政策,我们可以看到:

(1)案例中客户的汽车车窗升降电路系统损坏是由人为因素造成的,而非汽车本身的质量问题。

(2)汽车车窗升降电路系统不属于影响安全问题的重要零部件,汽车4S店进行1次维修后就能正常使用,没有影响后续车辆的使用。

因此,客户要求退货或换车的诉求是不合理的。

汽车4S店中负责接待客户的汽车服务人员应该拿出车辆用户手册,对照汽车售后三包条例向客户耐心解释说明,并赠送3次免费常规保养给客户,客户最后表示接受了这个方案。

实战演练

1. 情景模拟

在汽车4S店中,模拟客服专员接听客户投诉电话的过程。

1)汽车销售服务投诉

(1)新车没开多久就出故障了;

(2)说好一周后交车,时间到了却没能按时履约;

(3)销售顾问介绍过的配置功能,在使用过程中发现没有配置;

(4)新车的油耗比购买时介绍的高很多;

(5)销售顾问的服务态度不好等。

2)汽车售后服务投诉

(1)车辆故障在汽车4S店维修了3次,还没修好;

(2)车辆维保后结算费用比预期高;

(3)服务顾问的服务态度不好;

(4)车辆更换的配件不是原厂出品的;

(5)车辆在汽车4S店已经维修了一周时间,还没有修好等。

2. 演练内容

(1)学生每两人组队练习,选择投诉电话的通话情景,进行角色扮演,模拟客服专员接听客户投诉电话的过程,重点演练投诉电话处理礼仪。

(2)小组两位同学互换角色,交叉练习,对通话话术进行讨论和完善,互相评价、互相学习。

3. 检查与评估

(1)以小组为单位进行投诉电话处理礼仪演练成果展示。

(2)在班级中进行评比并排列名次,记入平时成绩。

(3)由教师点评每组同学的表现,对优点提出表扬,对存在的共性问题进行讲解和总结。

项目五　销售接待礼仪

学习目标

1. 知识目标

(1)掌握迎接客户礼仪。

(2)掌握客户洽谈礼仪。

(3)掌握环车介绍礼仪。

(4)掌握新车交付礼仪。

2. 技能目标

(1)能够按照迎接礼仪规范接待到店客户。

(2)能够运用洽谈礼仪与客户进行良好的沟通交流。

(3)能够正确使用环车介绍礼仪向客户介绍车辆。

(4)能够创造良好氛围向客户交付新车。

3. 素质目标

(1)培养学生规范的职业行为习惯。

(2)培养学生积极主动的做事风格。

任务一　迎接客户礼仪

迎接客户礼仪视频

案例导入

吴英是汽车4S店销售部经理的秘书,负责接待来访的客户。销售部这天来访的客户特别多,因此吴英当天的工作非常繁忙。有一位与销售部经理预约好的客户提前半小时到达了公司,吴英立刻电话通知了销售部经理,而经理正在接待另一位客人,所以让吴英请客户稍等。于是吴英向客户转告说:"经理正在接待一位重要客人,请您稍等一下。"说完吴英用手指了一下客厅的椅子,说了声"您请坐",就忙着接待其他客户去了。

想一想:请分析吴英在接待客户的过程中,存在哪些问题。

 知识链接

迎接客户到店看车是汽车4S店中最基本的活动,也是销售过程中非常重要的一个环节,是体现汽车4S店员工职业素养和整体品牌形象的重要机会,因此迎接客户时,汽车服务人员要给客户留下良好的第一印象,为下一步深入接触、促进成交打下基础。

一、迎接客户礼仪要点

汽车服务人员在迎接到店客户时,应注意以下礼仪要点:

(1)五步目迎,目光正视,真诚微笑,点头示意。

(2)三步问候,口说敬语"欢迎光临"。

(3)脚跟并拢,立正姿势,上身前倾,伸出右手主动与客户握手。

(4)自我介绍,拿出名片双手递给客户。

(5)主动询问客户的称呼,引领到客户洽谈区。

(6)请客户入座后送上车型配置单并端茶倒水,如图5-1-1所示。

图5-1-1 客户迎接礼仪

二、迎接客户礼仪基本要求

1. 举止端庄,动作文明

(1)在汽车4S店中,销售顾问作为品牌形象代表,应保持良好的仪态,站、走、坐要符合规定要求。

(2)迎接客户进店时应走在客户的前面引领客户,有客户经过时要让路,与客户同行时不抢道,不要在客户中间穿行,不在4S店内奔跑追逐。

(3)在客户面前禁止做各种不文明的举动,如吸烟、吃零食、掏鼻孔、剔牙齿、挖耳朵、抓头、搔痒、修指甲、伸懒腰等。

(4)在工作中应保持4S店内安静,说话声音要轻,不在店内大声喧哗、打闹,走路脚步要轻,操作动作要轻,取放物品要轻,尽量避免发出声响。

2. 正确服务客户

(1)当客户向你的岗位走来时,无论你在干什么,都应暂时停下来招呼客户。

(2)对客户要一视同仁,切忌两位客户同时在场的情况下,对一位客户过分亲热或长时间交谈,而冷淡了另一位客户。

(3)与客户接触要热情大方,举止得体,不得有过分亲热的举动,注意分寸,保持礼貌距离。

三、迎接客户礼仪规范

迎接客户礼仪是销售接待中的重要礼仪之一,应从销售顾问的举手投足中自然地流露出来,它不仅展示出销售顾问作为店主人的热情,更能给客户带来愉悦的感受。一般来说,迎接客户的礼仪规范主要有以下3个方面:

1. 会面礼仪

(1)"五步目迎,三步问候",这是迎接客户的传统礼仪。

(2)客户在约定的时间到达,销售顾问应提前做好准备去迎接。

(3)见到客户,销售顾问应热情地打招呼,主动伸出手相握,以示欢迎,同时要说"您好""欢迎光临""您一路辛苦了"等寒暄语。

(4)长者或身体不太好的客户到店时应上前搀扶,以示关心。

2. 门口迎接礼仪

(1)客户自己开车到店时,销售顾问应立即上前为客户打开车门,并用手挡住门框上缘,防止客户碰头,细心照顾客户下车。

(2)当碰到雨雪或炎热天气,销售顾问可以撑把伞,为客户挡雨或遮阳,让客户感受到贴心和窝心的服务。

3. 进店接待礼仪

(1)照顾客户下车后,销售顾问应走在客户的左前方,引领客户进入店内。

(2)对于来访客户,无论职位高低、是否熟悉,都应一视同仁,热情相迎,亲切招呼。

(3)如果客户带来家人、亲朋好友或同事,也应一一打招呼,以表现出友好的氛围。

四、迎接客户礼仪流程

1. 门口迎接

当客户走向汽车4S店大门时,销售顾问应在客户离自己约五步远的时候,用目光迎接客户,面带微笑,向客户点头示意,并主动走上前去热情地问候:

"您好,欢迎光临宁城院汽车4S店。"

在离客户正面约一米远的地方停下来,脚跟并拢,立正姿势,上身前倾,主动伸出右手

与客户握手并问明来意:

"先生/女士您好,请问今天是过来看车还是办理业务的呢?"

如果是来办理业务的客户,可以将其引领至相关办理处,如果是来看车的客户,可以引导客户进入下面的流程。

2. 问候客户

问候,是在客户到店时销售顾问上前问好和打招呼,以语言向对方致意和表达敬意的一种方式。销售顾问向客户问好时,要注意问候的次序、态度、内容3个方面。

1)问候次序

(1)销售顾问接待一位客户。两个人之间的问候,遵循问候礼仪中"位低者先问候"的原则,在汽车4S店中,销售顾问是主人,客户是客人,因此应由销售顾问主动问候客户。

(2)销售顾问接待多位客户。在销售顾问同时接待多位客户时,可以遵循问候礼仪中由"尊"及"卑"、由长及幼、由近及远的顺序依次进行。

2)问候态度

(1)要主动。销售顾问问候客户的时候,应该表现得积极主动。当客户先问候自己之后,要立即予以回应,不要漫不经心。

(2)要热情。销售顾问问候客户的时候,应该表现得热情友好。毫无表情,或者表情冷漠的问候不如不问候。

(3)要自然。销售顾问问候客户的时候,应该表现得大方自然。用目光注视对方的眼睛,面含笑意,口说敬语,以示口到、眼到、心到。

3)问候内容

(1)直接式问候。所谓直接式问候,就是直截了当地以问好作为问候的主要内容。它适用于正式的公务交往,尤其是销售顾问与客户的初次相见。例如销售顾问迎接客户时的问候:"欢迎光临!""先生,请问有什么可以帮到您?""先生,请问您今天来展厅有心仪的车型吗?"等。

(2)间接式问候。所谓间接式问候,就是以某些约定俗成的问候语,或者在当时条件下可以引起的话题作为问候的主要内容,主要适用于销售顾问与熟悉客户之间的交往。比如销售顾问在接待老客户时的问候:"李先生,最近工作忙不忙?""李先生,有一个好消息,您关注的车型降价啦!"等,来代替直接式问候。

3. 自我介绍

当客户到店时,销售顾问应遵循以下步骤主动进行自我介绍。

(1)为避免发生重复服务而导致工作效率降低,接待人员对到店客户应先询问:
"请问您在本店有熟悉的销售顾问吗?"

(2)如果有,直接招呼该销售顾问过来接待,如果没有,就可以进行自我介绍:

"您好,很高兴为您服务,我是本店的销售顾问王明,您可以叫我小王。"

(3)销售顾问从名片夹中取出名片,双手递给客户:

"这是我的名片,请问先生/女士怎么称呼呢?"

(4)销售顾问获取客户信息后,可以与客户做进一步的交流,交流话术如下:

"×先生/女士,您是想自己先在展厅看看车,还是由我来给您介绍一下呢?"

"×先生/女士,您过来一路辛苦了,我先带您到休息区去喝杯茶,看一下我们店的车型配置单,您看如何?"

"×先生/女士,今天来店有没有心仪的车型?我可以为您介绍一下,之后我还可以帮您安排试乘试驾,让您亲自体验一下车辆性能。"

4. 引领至洽谈区

销售顾问在将客户引领至洽谈区时,应注意以下4个方面的礼仪规范。

(1)销售顾问走在客户的左前方,保持1~1.5米左右的距离,引领客户到洽谈区:

"×先生/女士,请您随我到洽谈区休息一下,这边请。"

(2)拐弯时,要放慢脚步,回头做出引导手势:

"×先生/女士,您请这边走。"

(3)遇到障碍物时,停下来用手加以指示,同时回头提醒客户:

"×先生/女士,请小心脚下。"

(4)到达洽谈桌前,注意帮客户拉开座椅照顾客户入座:

"×先生/女士,您请坐。"

5. 洽谈区接待

销售顾问在洽谈区接待客户时应按以下步骤开展。

(1)销售顾问站到客户的一侧,与客户保持一臂距离:

"×先生/女士,我们店提供免费的茶水和饮料,热饮有菊花茶、咖啡,冷饮有可乐、橙汁,您看您需要喝点什么?"

(2)得到客户回答后,直接从文件夹中拿出车型配置单递给客户:

"×先生/女士,这是本店最新版的车型配置单,您可以先浏览一下,我去帮您倒茶饮,请您稍候。"

(3)茶水倒好后,将茶水放置在客户右手边:

"×先生/女士,您好,这是您的茶饮。方便我坐您对面,给您详细介绍一下您心仪的车型吗?"

迎接客户礼仪视频可通过扫描本任务二维码学习。

五、迎接客户礼仪注意事项

1. 销售顾问不在店内

如果客户到店时,要找的销售顾问恰好不在店内,应明确告知客户该销售顾问到何处去了,以及何时回来,同时征求客户意见,是否继续等待。

(1)如果客户选择继续等待,可以引领客户到休息区等待,为客户端上茶饮,并打电话通知该销售顾问尽快回来。

(2)如果客户有事需要离开,可以请客户留下联系方式,同时向客户致歉,将客户送至门口,并及时转告该销售顾问尽快回复客户。

2. 销售顾问不能马上接待客户

如果客户到店时,销售顾问正好有重要的事情不能马上接待,应向客户说明情况和需要等待的时间,随后引领客户到休息区等待,为客户提供茶饮,期间应随时关注客户,不要冷落客户,及时为客户添加茶饮。

3. 销售顾问引领客户时

销售顾问引领客户时应走在客户的左前方,并不时回头关注客户情况。若是引领熟悉的客户,可与客户保持大致平行的状态以表亲切。

4. 销售顾问在为客户倒茶饮时

销售顾问招待客户时,杯具应从消毒柜中取出,让客户能放心使用。倒茶不宜倒得太满,七分满即可。倒好后,应将杯具从客户的右侧放置到桌面上,方便客户取用。

5. 不同类型客户的接待处理

1)拒绝销售顾问接待的客户

在汽车4S店展厅,有些客户进店后会以自己先看车为由,拒绝销售顾问的接待,气氛一度会显得有些尴尬,这时候销售顾问正确应对方法是:"好的,我就在旁边,如果您有任何需要的话,可以叫我,我随时为您服务。"

客户自主看车后,销售顾问可以在不远处随时关注客户动态,发现客户需要帮助时,即可主动上前服务,礼貌地向客户打招呼:"先生/女士,有什么可以帮到您的吗?"

2)带儿童的客户

如果客户随行人员中有儿童,要主动关心小朋友的状况,并赠送小礼品。为了保证小朋友不影响服务工作的开展,可以将其带到儿童娱乐区,同时派专人看护,确保儿童安全。

3)需要其他销售顾问服务的客户

客户到店后,如果了解到客户已经有熟悉的销售顾问,但当时不在店里,负责接待的销售顾问可以直接给他打电话:"小王,你的老客户李先生现在店里,请你尽快回店。""李先生,您好,小王正在赶回来的路上,我先来接待您,您看可以吗?"

案例分析

销售经理秘书吴英在接待客户的过程中,存在以下问题:

(1)吴英在转告客户时说经理正在接待一位"重要"客人,把客户的地位放到了不重要的位置上。

(2)吴英在接待过程中过于随意,没有按照礼仪规范招待客户,如引领照顾客户入座,为客户端茶倒水,并寒暄:"您一路辛苦了,请您喝杯茶休息一会儿。"

(3)客户等待过程中,当吴英有事情需要离开时,应及时向客户说明:"先生/女士,不好意思,我这边有点事需要离开一会儿,您在这儿稍候,我很快就回来。"

实战演练

1. 情景模拟

当客户到达汽车4S店时,销售顾问负责迎接客户,主要包括问候、握手、自我介绍、询问来意、递交名片、询问客户如何称呼、引领客户到洽谈区入座、为客户斟茶、递上最新的车辆配置单等环节。

2. 演练内容

(1)学生以小组为单位,自行设计接待情景,组长负责分配组员进行角色扮演,模拟销售顾问迎接客户的整体流程,重点演练迎接客户礼仪,注意不要漏掉上述任何一个礼仪环节。

(2)在情景演练中,销售顾问可以接待一位客户或多位客户,注意全面照顾到每位客户的感受。学习小组组员之间要互相配合、互相评价、互相学习。

3. 检查与评估

(1)以小组为单位进行迎接客户礼仪演练成果展示。

(2)在班级中进行评比并排列名次,记入平时成绩。

(3)由教师点评每组同学的表现,对优点提出表扬,对存在的共性问题进行讲解和总结。

任务二 洽谈礼仪

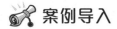

李先生经朋友介绍到宁城院汽车4S店看车,销售顾问王明接待了他,在洽谈过程中,李先生想要一辆价格便宜,省油的小排量汽车。王明在了解李先生的想法后,劝说李先生

干脆加点钱,一步到位,买一辆性价比高,当前销量最好的车型,并一再向李先生强调买这款车一定不会后悔,以后二手车交易时的保值率还非常高。李先生听了销售顾问王明的建议后,思考了一下,客气地说:"这样吧,我再和家里人商量一下,下次有空再来。"说完就告辞走掉了。

想一想:请分析销售顾问王明在与李先生洽谈的过程中,犯了哪些错误?

知识链接

在汽车4S店中,销售顾问通常采取顾问式销售方法,帮助客户答疑解惑,同时展示本品牌车辆的优势引导客户购买车辆。在这样一个销售过程中,销售顾问应该如何靠短时间的接待就给客户留下良好的印象呢?又应该如何营造一个良好的购车环境,消除客户的防备心理,促成最后的成交呢?解决这些问题的最好办法就是与到店客户进行一场轻松愉悦、真诚可信的沟通和谈话。

一、洽谈礼仪要点

销售顾问在与客户进行洽谈时,应注意以下4个要点。

(1)切入购车主题之前进行适当的寒暄,拉近与客户之间的关系。

(2)通过察言观色和沟通交流,了解客户的职业和喜好,进行适时地赞美。

(3)通过有技巧的提问,了解客户的购车需求,营造轻松的购车氛围。

(4)围绕客户的购车需求实事求是地推荐车辆,态度诚恳,充分考虑客户利益,取得客户信任,如图5-2-1所示。

图5-2-1 洽谈礼仪

二、洽谈礼仪基本原则

洽谈是指在汽车销售过程中,销售顾问与客户通过深度的沟通交流,获取客户的购车需求,从而顺应客户的购车喜好,为客户提供购车服务,最终达成购车协议而进行的双方协商活动。因此,在汽车销售过程中,销售顾问与客户面对面进行洽谈是促成交易的基本前提。要创造良好的洽谈氛围应遵循以下3个洽谈礼仪原则。

1. 以诚待人

以诚待人作为洽谈礼仪的首要原则,能充分体现出销售顾问的诚意。作为汽车服务人员,无论面对何种客户,都应以诚相待,不要弄虚作假,夸大其词或无中生有。客户只有信任销售顾问,才愿意开诚布公地说出自己的真实需求,才会有接下来的合作。

2. 信誉至上

信誉至上是洽谈礼仪中不可动摇的原则,洽谈中双方可以亮出自己的利益和要求,必要时可以进行讨价还价,一旦达成协议,应保持信誉,严格履行协议书或合同中的各项条款。尤其是销售顾问应严格遵守与客户之间达成的书面协议,自觉履行对客户的各种承诺,包括口头承诺。

3. 尊重客户

尊重客户要求销售顾问与客户交谈时,应排除一切心理和情绪上的干扰,始终如一地对客户保持尊重与礼貌,使用文明的语言,保持诚恳的笑容、友好的态度和得体的举止等,从而消除客户的抵触心理,获得客户的尊重和好感。

三、洽谈礼仪准备工作

在洽谈之前,如能对客户的信息有所了解,并作出相应的准备,那么在洽谈中,就可以扬长避短,取得更好的效果。洽谈礼仪准备工作主要有:

1. 主题分析

洽谈应该有一个明确的主题,也就是要明确与客户协商的目标,然后紧密围绕这一目标,分析客户关注的问题在哪里,并就此制定自己的洽谈策略。

2. 了解客户

对客户的了解,应集中于以下几个方面:客户的个人信息和兴趣爱好,客户方真正的决策人是谁,客户急需的服务是什么,客户预期的心理价位是多少,客户能接受的底线在哪里等。

四、洽谈礼仪实施步骤

一般来说,销售顾问与客户之间针对服务内容相关事项进行洽谈礼仪实施步骤从开始到结束可以分为以下6个阶段。

1. 导入阶段

导入阶段是洽谈开始阶段,主要是让销售顾问与客户之间通过介绍或自我介绍彼此熟悉。

2. 概述阶段

概述阶段是销售顾问通过与客户的交谈,了解客户的购车目标和想法,并围绕该目标与客户做进一步的双向沟通与交流。

3. 明示阶段

明示阶段的任务是把销售顾问与客户洽谈过程中碰到的问题尽早提出,并加以沟通解决。

4. 交锋阶段

在交锋阶段,销售顾问与客户对产品或服务的价格进行讨价还价,都试图说服对方让步。

5. 妥协阶段

妥协阶段是在销售顾问与客户洽谈过程中为了达成一致而进行让步的环节。

6. 协议阶段

经过交锋和妥协阶段,销售顾问与客户就产品或服务方面的要求基本达成一致,即可进入到协议阶段,这时销售顾问可以拿出协议书或合同让客户确认并签字。

五、洽谈礼仪规范

洽谈过程就是一个人际交往的过程,人际关系的好坏往往对是否成交起着十分重要的作用。如果能够以诚相待,尊重对方,礼仪有加,洽谈就能取得理想的结果,因此在洽谈的不同阶段都应遵守相应的洽谈礼仪规范。

1. 导入阶段礼仪

导入阶段是洽谈的起点,起着引导洽谈的作用,关系到汽车销售顾问能否取得洽谈的主动权。导入阶段的礼仪规范一般有:

1)穿着得体

销售顾问在接待客户的过程中,要注意着装,既要干净整齐,又要庄重大方。男士一般着质地较好的深色西装,衬衫、领带及皮带应搭配和谐。女士可着西服套装或西装套裙,应显得庄重、自信、干练,切忌打扮得花哨艳丽。

2)主动介绍

介绍礼仪关系着洽谈融洽气氛的形成。接待购车客户时,销售顾问应面带微笑注视对方,主动自我介绍,介绍完毕后主动伸手与客户握手致意。

3)不急于切入正题

弄清客户来意之后,不要急于切入正题,销售顾问可以引领客户进入洽谈区,照顾客户入座后,先适当寒暄,聊一聊客户感兴趣的话题,创造出轻松、愉快、友好的气氛,消除双方的陌生感和防范心理,之后再适当引导,进入正题。

2. 概述阶段礼仪

1)适时进入正题

开头的寒暄不宜过长,适时进入正题,销售顾问根据客户的购车需求介绍相关服务项目,介绍时应简短、明确,重点突出,要让客户感受到你的热情和真诚。

2)发挥同理心

客户说话时,销售顾问要认真倾听,可以用点头或应和的方式表示对客户的理解和赞同,带给客户高度的认同感和愉悦的心情。

3)擅长总结

概述时应当尽可能简短、清晰、准确的对客户的购车需求进行总结复述,避免含糊不清和转弯抹角,并且善于向客户表达友善的情感。

3. 明示阶段礼仪

1)避免分歧

进入明示阶段,客户会提出自己的要求,这个阶段往往容易产生分歧,所以销售顾问应特别注意说话的语气和说话技巧,应保持平和、亲切的态度,不能把提问变成责问,引起客户反感。

2)不随意承诺

销售顾问与客户之间应以平等协商的态度达成一致,相互尊重、相互信任。销售顾问不要不负责任地随口承诺客户一些无法兑现的要求,要时刻注意维护自身与企业的信誉和形象。

4. 交锋阶段礼仪

1)留有余地

在议价过程中,双方会为了各自的利益据理力争、不轻易让步,这时销售顾问要注意给客户留有一定的回旋余地,诚心诚意地与客户探讨解决问题的共同途径以实现双赢的目标。

2)不一味迎合

如果客户提出不合理的要求,不能一味地迎合客户,销售顾问应保持沉着冷静的态度,耐心进行解释说明:"×先生/女士,抱歉您的这个要求按公司政策来说是不允许的,请您理解。"表明自已已经尽力了,不是不愿意给客户优惠,希望能得到客户的谅解。

5. 妥协阶段礼仪

1)适当让步

如果销售顾问在与客户洽谈过程中出现僵局或严重分歧,不要轻易放弃,要努力寻找一切解决途径。一般说来,有诚意地调整自己的目标,作些必要的妥协与让步对洽谈的成功是十分有益的。让步要秉持互惠互利、公平合理、自觉自愿的原则,不要穷追猛打、勉为其难。

2)保留底线

妥协往往是在保留各自底线的原则下,通过双方的相互让步实现的。销售顾问的让步要有理、有利、有礼、有度,同时促使客户也作出适当的让步。

6. 协议阶段礼仪

1)做好准备工作

销售顾问需提前准备好待签的协议书或者合同以及签字笔。

2)解读文本

销售顾问向客户宣读协议书或者合同条款,当客户提出疑问时,应耐心加以解释,直到客户消除疑问,再进行下一个步骤。

3)客户确认签字

销售顾问将协议书或者合同递给客户过目,提醒客户仔细阅读各项条款,等待客户完全确认之后再签字。

六、洽谈礼仪流程

1. 寒暄

1)找到客户的兴趣爱好

在汽车销售过程中销售顾问要先和客户交朋友,赢得客户的喜欢和信任。

(1)学会适当寒暄,通过寒暄可以快速了解客户背景、身份地位和兴趣爱好。

(2)从客户的兴趣爱好入手,寻找客户感兴趣的话题,建立一个轻松愉悦的对话氛围,迅速与客户成为朋友。

(3)在与客户交流的过程中,作为销售顾问一定要注意不能表现出太强的目的性,要有循序渐进的过程。

2)适当的赞美

洽谈时适当的赞美是销售顾问与客户快速拉近距离的最好方式。

(1)表情保持轻松自然,语言上不要过分夸张。

(2)赞美客户应在了解客户的基础上进行,切莫盲目夸奖,过分的讨好和恭维,只会让客户感到不舒服,产生不好的效果。

(3)善于发现客户的优点,用真诚的语气加以赞美,可以让客户感到身心愉悦,从而促进洽谈的顺利进行。

例如:在确认客户意向车型后可以巧妙地赞美客户的品位:"您的眼光真不错,看来您在汽车方面是一个行家啊!""看中我们这款车型的客户基本上都是成功人士,您也不例外哦!"

2. 倾听

1)耐心

(1)客户通常喜欢聊他们自己熟悉的东西,因此作为销售顾问,应学会投其所好。

(2)在沟通过程中,销售顾问不要随意打断客户的话题。

(3)销售顾问想要发表自己的意见时,要学会克制自己,应耐心等待客户说完再说。

(4)销售顾问与客户交流时,不要滔滔不绝、夸夸其谈,做到多听少说。

2)关心

(1)销售顾问应带着兴趣认真听客户说话,对客户所说的话要有回应。

(2)销售顾问要学会站在客户角度倾听,在情感上认同和理解客户说的话。

(3)销售顾问可以随时用笔记录谈话要点,让客户感受到对他的重视。

(4)销售顾问应始终与客户保持目光接触,学会用眼睛去聆听。

3)用心

(1)销售顾问在倾听客户讲话时,应上身略微前倾,以表示有意愿听客户讲话。

(2)销售顾问应适时地表达自己的观点,表示自己始终关注着客户的讲话,切忌一言不发。

(3)对于客户的观点销售顾问应表示肯定和赞赏,切忌置疑对方、纠正对方或者否定对方。

4)别假设

(1)销售顾问永远不要假设自己知道客户要说什么,无谓的猜测往往会带来误会和尴尬。

(2)在听完客户陈述后,销售顾问应补充问一句:"您的意思是……""我没理解错的话,您需要……"等,以印证自己所听到的是否正确和完整。

3. 提问

了解客户的购车意向后,销售顾问可以开始就更多的购车细节向客户提问。提问很重要,通过提问不仅能够了解客户更多的信息,还可以让销售顾问从被动倾听变成主动引导。

1)提问方式

(1)开放式提问。开放式提问提出的是比较概括、广泛、范围较大的问题,对回答的内容没有限制,客户可以自由发挥,常常运用以"什么""怎么""为什么""哪些"等词引起的问句。通过开放式提问可以让客户充分表达自己的想法,在问答过程中了解客户。

提问话术:

"您能说说您比较喜欢汽车的哪些配置吗?"

"您为什么偏好大排量汽车呢?"

"您对汽车还有什么其他要求吗?"

(2)封闭式提问。封闭式提问提出的问题往往带有预设的答案,客户回答的范畴比较窄,答案比较明确、简单,一般是为了收集比较明确的需求信息。常用以"能不能""对吗""是不是""会不会""多久"等词构成的问句。通过封闭式提问可以引导客户确认相关信息,并对客户的需求作出总结。

提问话术:

"您比较喜欢动力强劲、操控性强的汽车,对吗?"

"您是不是下周末有空过来提车?"

"您要的白色款店里暂时没有现车,我们会尽快帮您调配,大约需要一周时间,您看您能不能耐心等待一下呢?"

2)提问礼仪

(1)提问的语气。向客户提问时,语气要温和委婉,避免向客户进行责难式提问或反问。

话术举例:

"这么高级的配置,您都不满意吗?"可以换成:"同样的价位,我们这款车内的配置优于同级别其他品牌的车辆,您看您还满意吗?"

"难道还有比我们性价比更高的车型吗?"可以换成:"与同级别其他品牌的车辆比较起来,我们这款车的配置更丰富、动力更强劲、空间更宽敞,更符合您的用车需求,您可以考虑一下入手我们这款车。"

(2)提问的态度。向客户提问的态度要诚恳,保持礼貌和谨慎,提问之前应先思考,再提问。

话术举例:

"可以请教您一个问题吗?"

"您认为现在主要的问题在哪里?"

"您的意思是……,您能说得更明白一些吗?"

(3)提问的话题。向客户提问时,话题应有选择性,有些话题要注意规避。

① 备选话题。

a.客户感兴趣的话题。

销售顾问应根据客户的性别、年龄、民族、职业、阅历、爱好、特长等因素,选择客户感兴趣的话题,投其所好,产生共鸣,从而达到沟通和交流的目的。

b.目标话题。

在汽车销售活动中,交流双方都具有非常明确的目标,因而销售顾问在向客户提问时,可直接围绕目标话题进行。

②规避话题。

在与客户交流时,应主动规避客户忌讳的话题,具体包括政治倾向、宗教问题、商业秘密、个人隐私等,贸然提及有可能会引起客户的反感,给下一步交流带来不便。

4. 总结

1)复述

在交流过程中,销售顾问应及时记录客户的购车需求,并用简洁的语言总结复述客户的需求。例如:"×先生/女士,根据和您的沟通,我已经基本了解了您的购车需求。您需要一款安全性高、舒适性好、动力强劲、空间大的白色轿车,是这样吗?"

2)确认

通过复述与客户确认购车需求后,再引领客户去参观展厅样车。例如:"如果是这样,我向您推荐我们店的旗舰版车型,它完全符合您的购车需求,现在展厅正好有一辆展车,我带您到实车上去体验一下,详细介绍一下这款车,您看如何?"

洽谈礼仪视频可通过扫描本任务二维码学习。

七、洽谈礼仪注意事项

销售顾问在与客户洽谈的过程中,应注意以下事项:

(1)在与客户寒暄的过程中,不要过分赞美客户,否则会适得其反。

(2)倾听时应注意与客户保持眼神交流,随时通过点头和口头说"嗯,是啊"等予以回应。

(3)洽谈时应做到神态自然、语言亲切、表达得体,改掉平时一些不良的小动作和小嗜好。

(4)注意与对方保持适当的距离,不要太近也不要太远。特别是在与异性客户进行交谈时,要防止误会发生。

(5)提问的过程中,不要涉及敏感话题,不要谈论客户的隐私,也不要八卦一些新闻和小道消息。

(6)洽谈过程中,赞扬自己汽车品牌的同时不要刻意诋毁其他汽车品牌。

(7)洽谈时出现不一致的意见时要保持冷静,能包容异己或者适时转移话题。

案例分析

销售顾问王明在洽谈的过程中,犯了以下错误:

(1)王明在了解到客户李先生的购车需求后,没有顺应客户的需求,而是强行将一款价格更高且自认为性价比更高的车辆推荐给李先生。

(2)客户李先生听完销售顾问王明的建议后,由于推荐车辆价格远远超出了自己的购车预算,但又不好意思明说,因此婉转地拒绝了王明。

总结:作为汽车销售顾问,一定要充分了解客户的购车需求,并围绕客户的需求介绍符合其心理预期的车型,尽可能地站在客户的角度帮助客户制定出性价比最高的购车计划,在满足客户购车需求的同时,让客户获得最大的实惠。

实战演练

1. 情景模拟

在洽谈区,销售顾问与客户交流购车需求,主要模拟演练以下几个洽谈礼仪环节:

(1)亲切寒暄;

(2)认真倾听;

(3)针对性提问;

(4)复述客户需求;

(5)确认客户需求。

2. 演练内容

(1)学生以小组为单位,自行设计接待情景,分配组员进行角色扮演,模拟销售顾问与客户洽谈的完整过程,重点演练过程中的洽谈礼仪。

(2)在情景演练中,销售顾问可以接待一位客户或多位客户,洽谈时做到与每位客户都有交流,不要冷落陪同前来的客户,组员之间要互相配合、互相评价、互相学习。

3. 检查与评估

(1)以小组为单位进行洽谈礼仪演练成果展示。

(2)在班级中进行评比并排列名次,记入平时成绩。

(3)由教师点评每组同学的表现,对优点提出表扬,对存在的共性问题进行讲解和总结。

任务三 环车介绍礼仪

环车介绍礼仪视频

案例导入

李先生夫妇二人受邀来到某汽车4S店展厅参加车辆促销活动,一进展厅就感觉到车辆摆放的杂乱无章,而且整个大厅杂物较多,前来参加活动的人也很多,整体显得非常拥堵。两人本想转身离开,但一想来都来了还是看一看吧。他们绕过几辆车,直接走到了一辆感兴趣的展车面前。这时,销售顾问王明看到了李先生夫妇二人,直接迎了过来,热情地打过招呼之后,便直接开始滔滔不绝地介绍展车。王明在介绍时说了很多关于车辆的专业名词,李先生夫妇听了后表情很迷茫,完全听不懂,只能尴尬地点点头,然后看了一会儿便转身想要离开。王明有点不甘心,追过去问道:"李先生、李太太,请问二位还有什么疑问吗?"李先生夫妇客气地回应道:"没有了,我们想再去看看其他车辆。"而此时李先生夫妇心里想的却是:"他说了些什么呀,完全没听懂。"

想一想：
(1)某汽车 4S 店在组织车辆促销活动时,有哪些需要改进的方面?
(2)请分析销售顾问王明在向李先生夫妇介绍车辆的过程中,违反了哪些礼仪规范?

知识链接

环车介绍的目的是通过销售顾问对车辆的全方位介绍来展示车辆的品牌优势,解决客户对产品和服务方面的问题和困惑,引领客户近距离观察和触摸车辆,感受车辆带来的视觉冲击和肢体享受,相信产品物超所值,从而促成交易,实现销售的目的。

一、环车介绍礼仪要点

销售顾问在进行环车介绍时,应注意以下礼仪要点:
(1)做好环车介绍准备工作。
(2)介绍过程中始终保持良好的仪态。
(3)面部保持微笑、语速适中、思路清晰、语言浅显易懂。
(4)学会察言观色,注意客户的反应,及时与客户互动,引导客户亲自体验车辆的各项功能。
(5)注意与客户保持适当的距离,避免亲密接触。
(6)随时关注客户,确保客户安全,如图 5-3-1 所示。

图 5-3-1　环车介绍礼仪

二、环车介绍仪态礼仪规范

环车介绍时,销售顾问需站在不同的角度和位置为客户介绍车辆,帮助客户增进对产品的了解,解决客户对产品及服务的相关问题,从而进一步满足客户的购车需求,最终实现销售目标。

销售顾问的基本站位主要有 6 个方位,如图 5-3-2 所示。在不同站位上采用的介绍礼仪也会有所不同。

图 5-3-2 环车介绍站位图

1. 1号站位

(1)销售顾问带上预先准备好的白色工作手套,对客户说:"×先生(女士),现在我带您去体验一下实车,给您详细介绍一下这款车,您这边请。"

(2)采用标准引导手势引领客户到达展车的左侧 45°位置,站在客户的左侧,采用标准站姿,距离客户 1 米左右距离,五指并拢指向车身,使用恰当的语速、语调介绍车辆,同时不忘适时赞美客户。例如,"现在展示在您面前的就是我们全新一代旗舰版车型,其正面设计硬朗大气、沉稳有加,四条双镀铬的前进气格栅带给您非常高档的感觉,与您干练的商务气质完全吻合。"

(3)介绍时注意面带微笑、语气温和、语速适中,随着介绍车辆位置的不同手臂指示方向也随之变化,指示时注意五指并拢,眼睛望向客户,与客户保持眼神交流,如图 5-3-3 所示。

图 5-3-3 环车介绍 1 号站位

2. 2号站位

(1)销售顾问一边对客户说:"×先生(女士),下面我们到车辆右侧看一下,您这边请。"一边采用横摆式或曲臂式手势引领客户从车前方沿顺时针方向移动到乘客侧,与客户保持 1 米左右的距离,然后五指并拢,目光跟随手势指向车身线条,使用合适的语速、语调进行介绍,如图5-3-4所示。例如,"×先生(女士),您看,车辆的侧面设计庄重典雅,腰线从前到后贯穿始终,线条流畅舒展,使车身显得更加修长、更加运动时尚。"

图5-3-4　环车介绍2号站位

(2)在介绍车右侧的过程中可以引导客户用手指轻轻敲击车身钢板,开关一下车门,听一听这些动作发出的声音,让客户切身体验一下车身材质和加工工艺,增加与客户之间的互动交流。

3.3号站位

(1)销售顾问引领客户站在离车尾50~100厘米的地方,便于观察车辆整体尾部造型。

(2)介绍过程中可以引导客户体验用脚部感应打开车辆后备箱的功能,注意用手做保护动作,同时提醒客户:"您小心",防止后备厢盖弹开时误伤到客户。

(3)销售顾问面带微笑,目光放在客户两眼与鼻尖组成的三角区域内,观察客户的兴趣点,然后针对汽车后备厢进行介绍,如图5-3-5所示。例如,"您请看,车辆后备箱容积非常大,可以轻松放下两三个行李箱,您平时旅游时完全不用担心东西放不下的问题。"

图5-3-5　环车介绍3号站位

4. 4号站位

(1)销售顾问按顺时针方向引领客户到达车辆的左后侧,为客户打开车辆左后门,注意用左手拉门把手,右手护住车辆门框上缘,侧身留出足够空间方便客户进入车辆后排座,嘱咐客户:"×先生/女士,您请进,小心碰头。"

(2)为方便为客户介绍车内配置,避免发生身体接触,销售顾问可以礼貌询问客户:"×先生/女士,请问方便我坐到您的右侧为您介绍吗?",客户同意后应快速走过去,注意不要小跑,从车辆右后门进入后排座,指示并引导客户动手体验车辆后排座的各种功能,如图5-3-6所示。例如,"后排座椅采用加宽设计,可以提供对大腿的良好支撑,您可以感受一下,特别适合像您这样身材高大、腿长的客户乘坐,有效增加了乘坐的舒适感。"

(3)介绍完成后,销售顾问请客户稍候:"×先生/女士,下面我们一起去车辆驾驶室看一下,您稍候,我来为您开门。"销售顾问应快速回到左后门,照顾客户从车内出来,注意用左手拉门把手,右手护住车辆门框上缘,侧身留出足够空间方便客户出来,同时提醒:"×先生/女士,您小心碰头。"如图5-3-7所示。

图5-3-6　环车介绍4号站位1　　　　图5-3-7　环车介绍4号站位2

5. 5号站位

(1)销售顾问为客户打开驾驶室车门,注意用左手拉门把手,右手护住车辆门框上缘,侧身留出足够空间方便客户进入驾驶室:"×先生/女士,您请进,小心碰头。"

(2)客户入座后,销售顾问应采用标准蹲姿,注意下蹲时靠近客户一方的腿为高位,如图5-3-8所示。帮助客户调整最舒适的座椅位置和方向盘位置,在调整过程中需询问客户:"×先生/女士,您看这个位置合适吗?"同时引导客户参与自行调节。

(3)等客户坐好后,礼貌地询问客户:"×先生/女士,方便我坐到副驾驶位为您详细介绍车内配置吗?"客户同意后快速走到车辆右前门入座,指示并引导客户动手体验车辆驾驶室的各种配置,如图5-3-9所示。例如,"您面前的多功能方向盘采用了全真皮包裹,手感非常好,您握一握感受一下。"

(4)介绍完毕后,销售顾问请客户稍候:"×先生/女士,下面我们一起去看一下车辆的发动机舱,您稍候,我来为您开门。"拉开车门时,销售顾问注意用左手拉车门把手,右手护住车门框的上缘,嘱咐客户:"×先生/女士,小心碰头。"

图 5-3-8　环车介绍 5 号站位 1　　　　图 5-3-9　环车介绍 5 号站位 2

6.6 号站位

(1)等待客户出来后,销售顾问应拉动引擎盖锁定释放杆解锁机舱盖,然后用引导手势引领客户来到发动机舱位置,用手扣动锁扣,并提醒客户:"×先生/女士,您小心,我现在要打开引擎盖了。"与此同时,注意用手扶住引擎盖,做保护动作,防止开盖时误伤客户。

(2)销售顾问讲解发动机舱的内部组成时,应采用引导手势加以指示,注意要五指并拢,如图 5-3-10 所示。例如,"车辆的发动机舱布局合理、整洁,三段式吸能车身能够有效保证车辆碰撞时驾驶室不发生变形,给您的安全出行带来极大的保障。"

环车介绍礼仪视频可通过扫描本任务二维码学习。

图 5-3-10　环车介绍 6 号站位

三、环车介绍沟通礼仪规范

在环车介绍过程中,沟通是销售顾问与客户联络感情、建立友谊的桥梁,沟通礼仪很大程度上能反映一个销售顾问的职业素养水平。因此,作为销售顾问,只有掌握良好的沟通礼仪,才能有效地促进销售效率,提高销售业绩。

1. 沟通原则

在环车介绍沟通过程中,应遵循两个原则,即诚信和尊重。

1)诚信

汽车销售应以诚信为根本,做到言之有物、言而有信、言出必行。销售顾问向客户介绍车辆时,提供的车辆信息一定要是真实有效的。诚实守信的交流过程能让客户对销售顾问迅速地建立起信任感,从而愿意接受销售顾问的售车服务,愿意接纳销售顾问提出的意见和建议,让整个销售过程变得非常顺畅。

2)尊重

同级别产品中选择购买哪个汽车品牌对于客户来说实际上差别不大,因此在购车服务中是否获得足够的尊重成为客户是否购车的重要衡量标准之一。尊重客户是销售成功的前提,销售顾问与客户沟通时,应尊重客户的性格,尊重客户的观念,尊重客户的审美。无论客户职位高低、年龄大小,都应一视同仁,对客户表现出足够的尊重,创造一个平等和谐的交流环境。

2. 沟通仪态

为客户介绍车辆配置和功能时,销售顾问应遵循以下沟通仪态:

(1)沟通态度诚恳、温和、谦虚。

(2)在介绍过程中,可适当加入一些指引手势,但幅度不宜过大。

(3)同时为多位客户介绍时,要学会用眼神和肢体语言照顾到所有客户,不要冷落某些客户。

3. 沟通语言

向客户介绍车辆时,良好的语言艺术可以快速建立起好的客户关系,赢得客户的理解和尊重。销售顾问应做到以下几点:

1)礼貌又准确

沟通语言文雅,有礼、有节,表达准确、思路清晰,力求言简意赅、简单明了。

2)留有余地

对于一些产生争议或僵持不下的话题,应婉转说明情况,给双方保留进一步交流的空间,凡事做到留有余地。

3)风趣幽默

风趣幽默的语言可以有效地缓解沟通中的紧张气氛,化解矛盾冲突,协调好客户关系。

4)理性克制

与客户有不同意见时,应保持理性,不与客户发生争执,可采用转移话题或一笑了之的方式加以化解。

5)注重语气语调

销售顾问在与客户沟通的过程中,要想营造一个轻松愉快的交流环境,说话的语气语调就显得格外重要。

(1)音量适度。销售顾问的说话音量不宜过高,也不可过轻,要让客户能够听清楚,而又不干扰到其他人。明快、低沉的语调能给人以干练、舒服的感觉。

(2)语速适中。若销售顾问的说话速度过快,客户将无法听清讲话内容,直接影响客户聆听的专注度;但若说话速度过慢,就显得思维有些迟钝,缺乏决断力,对客户缺乏引领作用。因此,说话速度应快慢适中,并根据不同客户的节奏进行相应调整。

(3)语调饱满柔和。与客户沟通时,销售顾问应保持亲切、自然的语调,不要故意拿腔拿调。语调往往会受到情绪的影响,因此,销售顾问应加强职业素养的修炼,确保以积极饱满的情绪投入到工作中。

4. 沟通技巧

在环车介绍中,销售顾问掌握良好的沟通技巧可以让客户对汽车产品产生浓厚的兴趣,大大缩短成交时间。

1)引导客户

(1)首先,销售顾问应选择恰当的问题向客户提问,用提问的方式引导客户,让客户证实自己是对的,从而相信销售顾问向他推荐的产品。

(2)其次,对客户的引导要在确定有把握后再进行。一般在刚开始就去引导客户是不明智的,应该在了解客户的购车需求之后再有方向性的加以引导,否则会引起客户的逆反心理。

(3)最后,要给客户留有考虑的时间,否则,他们的回答也许是不确定的,也不是我们想要的结果。

2)掌握主动权

(1)销售顾问必须牢牢把握住谈话的主动权,如果丧失主动权,被客户牵着鼻子走,那么,销售人员就容易被打乱阵脚,沟通将无法按照正常的销售流程顺利进行。

(2)如果销售顾问在沟通过程中,表现出急于向客户推销产品的意图,客户就会有压迫感,产生被强迫购买的感觉,从而出现抗拒性反应。所以销售顾问应视情况的变化,循序渐进,通过耐心的沟通交流,引导客户做出购车决定。

3)做到心中有数

(1)销售顾问在销售前要做好充分的准备,向客户提问时,自己心里要有答案。当提的问题客户不知道怎样回答时,销售顾问可以提供选项,引导客户进行选择。

(2)部分客户并不熟悉产品,因此在有多种产品和服务可供客户选择时,客户可能会出现无法选择的情况,作为专业销售人员,销售顾问要帮助客户做出选择。

4)储备丰富的汽车知识

(1)销售顾问应拥有比客户更多的知识储备,应具备为客户解决产品和服务问题的专业汽车知识。

(2)在销售实践中,销售顾问接触到的比较典型的两类客户分别是熟悉车辆的客户和不熟悉车辆的客户,面对这两种客户时应采用不同的沟通方式,例如:

①熟悉车辆的客户往往在购车方面会有一套自己的见解,对新车的要求会比较苛刻,自我价值体系已经形成,需要销售顾问用非常专业的汽车知识才能解决客户的疑虑。

②不熟悉车辆的客户在购车方面没有太多的经验,对车辆了解不够多,往往需要销售顾问用平时积累的汽车知识帮助他们综合分析比较车辆的优劣势和性价比,辅助客户进行决策。

案例分析

某汽车4S店在组织车辆促销活动时,需要改进以下几个方面:

(1)没有统筹安排车辆的摆放位置,导致展厅显得杂乱无章。

(2)没有提前整理规划展厅,比平时腾出更多空间接待客户,导致展厅出现拥堵现象。

(3)客户进店后,没有销售顾问负责接待,冷落了客户,容易导致客户的流失。

上述几点都给客户带来了非常不好的进店体验,影响了公司和产品的声誉。

销售顾问王明在向李先生夫妇介绍车辆的过程中,在以下几个方面违反了环车介绍礼仪规范:

(1)没有询问李先生夫妇的购车需求,就直接介绍车辆,导致针对性不强。正确的做法是销售顾问应先引导客户进行购车需求分析,认真倾听后再针对客户需求介绍车辆的配置和功能,让客户感受到销售顾问的耐心。

(2)在介绍过程中,采用了大量的专业名词,导致客户完全不知所云。正确的做法是销售顾问应尽可能用通俗易懂、口语化的语言给客户介绍车辆,让客户能够听懂并快速接受这些平时没有接触过的新知识,让客户感受到销售顾问的用心。

(3)一味自顾自滔滔不绝地介绍车辆,与客户之间没有互动交流,导致客户毫无存在感。正确的做法是在环车介绍车辆的过程中,销售顾问要随时与客户交流想法,并让客户亲自参与体验车辆的各项功能,让客户感受到销售顾问的贴心。

实战演练

1. 情景模拟

在车辆展示区,销售顾问根据客户的购车需求,为客户介绍车辆,要求完成以下环车介绍礼仪:

(1)引领客户到不同站位上观看和体验车辆。

(2)环车介绍时不同站位上的仪态礼仪。

(3)环车介绍时不同站位上的沟通礼仪。

2. 演练内容

(1)学生以小组为单位,设计接待情景,分配组员进行角色扮演,模拟销售顾问向客户环车介绍的过程,重点演练环车介绍礼仪。

(2)在环车介绍过程中,销售顾问可以接待一位或多位客户,注意要照顾到每位客户,不要冷落陪同购车的客户,组员之间要互相配合、互相评价、互相学习。

3. 检查与评估

(1)以小组为单位进行环车介绍礼仪演练成果展示。

(2)在班级中进行评比并排列名次,记入平时成绩。

(3)由教师点评每组同学的表现,对优点提出表扬,对存在的共性问题进行讲解和总结。

任务四　新车交付礼仪

案例导入

销售顾问李想三天前预约客户赵先生于本周六上午10点到店提车,赵先生听到消息后非常开心,想早点看到新车,于是周六早上赵先生一家三口提前半小时就来到了汽车4S店。赵先生一家人到店后,销售顾问李想非常热情地将他们带到休息区落座,并端上茶水、饮料和小零食,说:"赵先生,一路辛苦了,各位先在这里休息一下。您的爱车本应昨天到店,但因故推迟,今天才能到店,目前还在运输途中,我马上为您联系一下,看看何时能到,请您稍候。"李想联系后立即向客户反馈:"赵先生,非常抱歉,由于高速公路修路,运输途中遭遇堵车,导致车辆无法准时送达,请您谅解。"一个小时后,车终于送达了,李想马上带领赵先生去办理了验车和提车等的相关手续,并向客户诚恳表达了歉意:"赵先生,非常抱歉,今天耽误了您一家人宝贵的时间,为表达我们的歉意,送上我们店价值三百元的车辆保养券,今后您的爱车保养时能用得上,祝您用车愉快!"赵先生一家人接受了道歉,开车离开了。

想一想:销售顾问李想在为客户提供交车服务的过程中有哪些做得周到和不周到的地方?

知识链接

新车交付是让客户激动和兴奋的时刻,为了让客户拥有愉快的交车体验和完美的交车过程,汽车销售顾问应该为客户提供贴心的交车服务,让客户感受到全体工作人员都在分享他的喜悦之情。在交付新车的过程中销售顾问应主动为客户讲解新车操作和使用方法,以及后续车辆保养服务相关注意事项。通过热情专业的交车过程,来提高客户的满意度,并借这次机会推广品牌的宣传度,发掘更多的销售机会。

一、新车交付礼仪要点

新车交付如图 5-4-1 所示,在交付的过程中,销售顾问应注意以下礼仪要点:
(1)销售顾问应提前做好全面、细致、周到的交车准备工作。
(2)工作人员应穿着正装提前在店内恭候客户。
(3)工作人员接待客户时要举止得体,面带笑容,语言亲和、友善。
(4)新车交付时,工作人员应保持店内气氛的隆重、热烈、友好、和谐。
(5)销售顾问为客户贴心讲解车辆日常使用技巧和保养方法。
(6)工作人员与客户拍照留念,并为客户送上礼品等。

图 5-4-1 新车交付

二、新车交付礼仪规范

1. 交车前准备

(1)销售顾问准备好需要签字的各种文件,确认并检查车牌、发票、随车文件和工具等。
(2)销售顾问确认客户的付款情况及车辆的保险情况。
(3)销售顾问在新车交付前对车辆进行各项检查和调试工作。
(4)销售顾问做好车辆内外清洁工作,在车内的地板上铺上保护纸垫。

(5)销售顾问在交车前,事先要协调好售后服务部门及客服中心,保证交车时相关工作人员在场。

(6)销售顾问将车辆放在已打扫干净的交车区内,准备好车辆的出门证。

(7)销售顾问准备好照相机、小礼品和服务优惠券等。

(8)销售顾问电话联系客户,约定交车时间,询问同行人员和乘坐的交通工具,对交车流程作简要介绍,并询问客户还有什么要求,提示客户带上必备的证件。

2. 交车过程中

(1)交车当天,布置好迎接场地。销售顾问穿着正装提前在展厅等候,举止得体,面带微笑地迎接客户的到来。

(2)客户到来后,销售顾问陪同客户一起验车,确保新车及附加装备无缺陷,讲解随车文件,介绍保养周期、售后质保期以及车辆使用和操作规范。

(3)销售顾问将售后服务部门的工作人员介绍给客户,互留联系方式,由售后服务顾问向客户讲解后续车辆保养和维修事宜。

(4)销售顾问与客户签署相关文件,将购车发票、机动车登记证书、车辆合格证、三包服务卡、车辆使用说明书、新车交付确认表、其他文件以及服务优惠券一起装在文件袋中,连同车钥匙和小礼品一起放在礼品袋中交到客户手里。

3. 交车结束后

(1)销售顾问邀请客户填写《客户满意度调查表》,及时接收客户对整体服务的反馈。

(2)销售顾问再次叮嘱客户新车使用时的注意事项、首次保养时间和车辆三包时限。

(3)销售顾问告知客户开车过程中出现任何问题可以随时致电汽车4S店进行咨询。

(4)销售顾问建议客户扫描二维码关注汽车4S店,这样可以方便客户及时获取公司产品的最新信息和相关活动,同时方便在线提供专业咨询服务。

(5)销售顾问询问客户是否需要提供免费送车到家服务。

(6)销售顾问提醒客户到最近的加油站为车辆加油,温馨提示最佳行驶路线,并帮助客户进行手机导航定位。

(7)销售顾问向客户确认方便的联络方式,如微信、QQ、钉钉或电话等,以便日后开展售后跟踪服务。

(8)销售顾问将准备好的提醒短信发送到客户手机中,短信里包括提醒客户的用车注意事项,日常车辆保养小贴士以及车辆首保里程提示,并将销售顾问、服务顾问及紧急救援电话放在其中。

三、新车交付仪式

新车交付仪式是新车交付礼仪中非常重要的一个环节,汽车4S店精心为客户准备一个仪式感满满的新车交付仪式,让客户感受到公司对自己的重视和尊重,可以大大提升客户对公司服务的好感度和满意度,有助于进一步将客户发展为本汽车品牌的忠实客户。

1. 到店欢迎仪式

(1)工作人员用鲜花、气球和横幅等布置一个温馨又隆重的交车环境。

(2)由汽车4S店工作人员列队欢迎客户,采用销售顾问加上服务顾问的双顾问交车模式,给客户准备一个比较盛大的新车交付仪式。

(3)汽车4S店销售经理向客户致欢迎词并赠送鲜花和小礼品,用放大的钥匙模型与客户做交接,恭喜客户喜提爱车。

(4)用汽车4S店做背景,为客户与车辆及汽车4S店工作人员一起拍摄合照留作纪念,并引导客户进行转发,增加品牌的曝光度,提升品牌影响力。

2. 离店欢送仪式

(1)汽车4S店工作人员列队将客户送到门口,与客户握手道别,对客户表示感谢。

(2)销售顾问温馨提醒客户带好随身物品,同时递上车辆出门凭证。

(3)销售顾问为客户打开车门,照顾客户上车,提醒客户注意行车安全。

(4)汽车4S店工作人员集体祝客户一路平安,然后挥手致意,目送客户开车离开。

 案例分析

销售顾问李想在为客户提供交车服务的过程中,做得比较周到的地方有:

(1)很好地履行了休息区接待礼仪,非常贴心地引领赵先生一家人进入休息区等候,并细心地提供茶饮点心,让客户有宾至如归的感觉。

(2)很好地履行了沟通交流礼仪,主动将推迟提车的原因向赵先生说明清楚,并实时汇报车辆运输情况,最后送上小礼品表达歉意,整个过程充满诚意,因此得到了赵先生一家人的谅解。

销售顾问李想做得不够周到的地方有:

(1)销售顾问李想应提前一天通知赵先生车辆将推迟到店,让赵先生有思想准备,而不至于到店后空欢喜一场,同时还浪费了客户的时间,由此而产生的强烈情感落差,可能会导致客户对公司服务留下不好的印象。

(2)车辆推迟到店带来了一系列不好的连锁反应,销售顾问李想在新车交付方面的准备工作做得不到位,导致新车交付仪式显得比较仓促和简单,没有让客户充分体会到汽车4S店对客户的重视程度。

实战演练

1. 情景模拟

在车辆交付区,销售顾问按照下述流程向客户交付新车:

(1)做好交车准备工作;

(2)与客户预约到店时间;

(3)举行客户到店欢迎仪式;

(4)向客户讲解用车小贴士;

(5)举行车辆交接仪式;

(6)欢送客户离店。

2. 演练内容

(1)学生以小组为单位,按照新车交付情景,由小组长分配组员进行角色扮演,模拟销售顾问向客户交付新车的完整过程,重点演练新车交付礼仪。

(2)在情景演练中,销售顾问可同时接待一位或多位客户,在交车过程中注意照顾到每一位客户,不要冷落陪同前来的客户,组员之间要互相配合、互相评价、互相学习。

3. 检查与评估

(1)以小组为单位进行新车交付礼仪演练成果展示。

(2)在班级中进行评比并排列名次,记入平时成绩。

(3)由教师点评每组同学的表现,对优点提出表扬,对存在的共性问题进行讲解和总结。

项目六 售后服务礼仪

学习目标

1. 知识目标

(1) 掌握客户接待礼仪。

(2) 掌握环车检查礼仪。

(3) 掌握报价与结算礼仪。

(4) 掌握交车与送别礼仪。

2. 技能目标

(1) 能够利用接待礼仪规范接待到店维保客户。

(2) 能够按照环车检查礼仪规范对客户车辆进行环车检查。

(3) 能够依据收费标准向客户进行准确报价和结算。

(4) 能够热情周到地交车和送别客户。

3. 素质目标

(1) 培养学生规范的职业行为习惯。

(2) 培养学生良好的服务意识。

任务一 客户接待礼仪

预约电话
礼仪视频

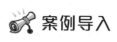

案例导入

星期六下午,宁城院汽车4S店维修车间前停满了前来维保的车辆,除了预约车辆,临时还来了一些非预约车辆,4S店内的三位服务顾问明显接待不过来。后面排队的客户不耐烦地喊道:"怎么这么慢?我昨天预约过的,预约时间已经超过半小时了!"售后服务部张经理看到这种情况,立即走上前对正在排队的客户进行安抚:"各位先生女士,非常抱歉,让大家久等了。由于今天是周末,所以来店维保的车辆有点多,我们一定会尽快安排大家的车辆进行维保的,请大家谅解!跟大家商量一下,大家可以把钥匙留在车上,然后到店内休息区喝点茶,吃点小点心,休息一下,轮到的时候,我们会到休息区通知您们,大家看怎么样?"听完张经理的建议,有些客户很配合地进入店内休息,但还有些客户仍然不是很开心,觉得 4S 店浪费了他们的时间。

想一想:你认为张经理做的好吗？还有什么可以改进的地方吗？

知识链接

汽车售后服务是指汽车销售出去以后,由汽车 4S 店售后服务部门为客户车辆提供保养和维修服务,为客户日常用车提供技术支持,定期寄发汽车产品改进或升级信息以及获取客户对汽车产品和服务的反馈信息等系列服务工作。汽车 4S 店服务顾问需要拥有良好的售后服务礼仪,才能将这些汽车售后服务工作做好、做细,从而在很大程度上提升客户的满意度,提高客户的回头率,还能通过老客户带来更多的新客户,增大产品售后服务规模的同时也带动了汽车销售市场的繁荣,形成公司汽车产品一条龙服务的良性循环。

一、客户接待礼仪要点

服务顾问在接待到店维修保养车辆的客户时,应注意以下要点:

(1)接听和拨打维保客户预约电话时要遵守基本电话礼仪。

(2)收到有客户到店信息后,应立即起身,带上笔和接车问诊单走到维保等候区迎接客户到来。

(3)引导客户将车辆停放在维保等候区内,主动上前向客户点头致意,致欢迎词并自我介绍。

(4)主动向客户进行预约确认,了解客户车辆的预约维保项目,如图 6-1-1 所示。

图 6-1-1　客户接待礼仪

二、售后服务电话预约礼仪

通过服务顾问与客户之间的预约服务,汽车4S店可以统筹安排各方面资源,合理安排维保时间,有效提高服务效率,减少客户等候时间,让客户得到更为周到的服务。

1. 不同类型电话预约礼仪

电话预约是实现售后服务预约最主要最直接的方式,一般电话预约可以分为主动预约和被动预约,在预约过程中除了要注意接听和拨打电话的基本礼仪之外,良好的沟通礼仪也显得尤为重要。

1)主动预约

主动预约是由汽车4S店服务顾问主动打电话给客户,与客户预约来店保养车辆。打预约电话前应做好充分的准备工作,从"汽车售后服务管理系统"中调取并掌握客户的基本信息,如客户姓名,车牌号,客户车辆上次保养时间、保养公里数以及车辆当前公里数等。在电话沟通过程中措辞很关键,让客户感觉到我们是在关心他的爱车使用情况,而不是打扰他。

话术:

"×先生/女士,我是宁城院4S店的服务顾问张良,您的爱车距离上一次保养已经有半年时间了,车辆按时保养可以有效地消除隐患,预防故障的发生,节省燃油,减少碳排放,有效保护环境,改善汽车的性能,延长汽车使用寿命。您最近如果有时间可以抽空到我们店来做一个爱车的常规保养,刚好我们店从这周五开始推出机油打9折的优惠活动。"

2)被动预约

被动预约是客户主动打电话给汽车4S店预约来店维修保养车辆,服务顾问接到客户电话后应立即进入到"汽车售后服务管理系统"中查看相关客户信息。

(1)新客户。询问客户如何称呼、车牌号和车辆当前公里数以及上次保养时间和保养公里数等车辆使用信息,同时确认客户本次来店需要做的保养项目,并将这些客户信息及时录入到"汽车售后服务管理系统"中。

(2)老客户。立即将客户相关信息从"汽车售后服务管理系统"中调取出来,做好服务准备工作,与客户确认其基本信息,包括车牌号、上次保养时间和保养公里数以及车辆当前公里数等,同时确认客户本次来店需要做的保养项目,并将客户的新信息补充录入到"汽车售后服务管理系统"中。

服务顾问在与客户的沟通过程中要学会倾听,了解客户的来电意图,复述和确认客户的预约需求,查看店内车辆维保排班总表,为客户安排合适的到店时间,并将预约信息以短信的形式发送到客户的手机中,起到提醒客户的作用。

话术：

"您好，我是宁城院 4S 店的服务顾问张良，请问您怎么称呼？"

"×先生/女士，您的车辆故障是水温表温度显示超标，我已经帮您记录下来了，水温过高，不建议您继续行驶，否则可能会造成气缸变形损坏，建议您尽快将您的车送到店里维修，您看什么时间方便过来呢？"

"好的，我给您预约在明天下午两点，届时我会以短信的形式将预约信息发送到您的手机上，请您注意查收。"

主动预约和被动预约电话礼仪视频可通过扫描本任务二维码学习。

2. 售后服务电话预约礼仪流程

在预约服务的过程中，服务顾问应熟练把握预约内容的准确性和全面性，按照下述预约流程开展电话预约工作，可以让整个预约过程清晰流畅、有礼有节。

(1)礼貌询问并确认客户及车辆信息、车辆当前行驶里程。

(2)在"汽车售后服务管理系统"中仔细查看客户车辆之前的维保记录。

(3)与客户确认车辆的维保需求，并记录在《车辆维保预约登记表》中。

(4)与客户协商合适的到店维保时间，帮客户预约维保工位。

(5)细心记录客户的其他特殊要求。

(6)温馨提醒客户到店时携带车辆行驶证和《车辆维护保养手册》。

3. 售后服务电话预约礼仪注意事项

(1)服务顾问与客户电话预约到店维保时间时，应注意安排在维修车间的空档时间，以防止发生重叠，同时需要留下 20% 的维修工位应对紧急维修和因故延误的维修。

(2)接听到与行车安全有关的、返修客户及投诉客户的预约电话时，服务顾问应予以优先安排。

(3)服务顾问在电话中有义务提醒客户，请客户记住预约时间，如果临时有变更请客户提前告知，将为其重新预约。

(4)在维保准备工作中，发现某些备件因库存不足而导致客户车辆无法按预约时间正常进店进行维保时，应提前向客户致歉并与客户协商确认下一次到店时间。

(5)服务顾问可以根据"汽车售后服务管理系统"中客户车辆维保档案和车辆保养手册，提示客户应做的一些维保项目。

(6)服务顾问与客户电话预约时，不能违背客户意愿，强迫客户加入一些车辆维保项目。

三、客户接待准备礼仪规范

做好售后服务客户接待准备工作，有利于售后服务接待工作的顺利开展，有利于提高售后服务接待工作的效率,掌握客户接待准备礼仪要点,顺利推进售后服务后续工作的完成。客户接待准备礼仪规范如表6-1-1所示。

表6-1-1 客户接待准备礼仪规范

接待前的准备	实施内容
人员准备	1.服务顾问统一着装,保持饱满的精神状态; 2.服务顾问在迎宾台轮流值岗,等待客户到来
物品准备	1.将名片放置于接待台面上,方便随时向客户递送名片; 2.检查对讲机等通信设备,确保能正常使用; 3.准备好车辆防护四件套、《车辆维保预约登记表》《接车问诊单》《车辆维保委托单》、黑色水笔; 4.在接待室大门内侧设置雨伞架并摆放好伞具
场地准备	1.对车辆维保等候区和进出通道进行清理,保证前来维保的车辆进出顺畅、停车方便; 2.客户休息区需准备三种以上的饮品,注意要有冷饮和热饮

四、售后服务接车礼仪规范

1. 规范接车

服务顾问收到公司保安通知客户到店的信息后,应立即起身,带上笔和《接车问诊单》走到维保等候区迎接客户。看到客户车辆从远处过来时,应立即走上前引导客户将车辆停放在维保等候区内,如图6-1-2所示。等客户车辆停稳后,应走到车门处向客户微笑点头致意:"先生/女士,您好!欢迎光临宁城院汽车4S店。"同时帮客户打开车门,照顾客户下车,主动递交名片并自我介绍,礼貌寒暄:"我是本店的服务顾问张良,很高兴为您服务。"如图6-1-3所示。

图6-1-2 接车礼仪

图6-1-3 照顾客户下车礼仪

2. 预约确认

1)已预约客户

服务顾问向客户确认:"您好!请问您是昨天预约到店保养/维修的×先生/女士吗?"

得到客户确认后引导客户一起进行环车检查和故障现象问诊,在《接车问诊单》上记录下来,并让客户确认签字,随后引领客户进入接待室进一步填写《车辆维保委托单》。

2)未预约客户

服务顾问应首先礼貌询问:"先生/女士,您是来我店保养/维修车辆的吗?"得到客户确定答案后,向客户介绍进行车辆维保服务的基本流程,待客户认可后,再进入到车辆的检查和问诊流程。

五、客户接待礼仪注意事项

服务顾问在接待客户过程中,须注意以下事项:

(1)提醒客户需提前一天预约,预约成功的客户可享受工时费打折的优惠。

(2)提前一天与客户联系,提醒预约基本信息。

话术:

"×先生/女士,您好,我是宁城院汽车4S店的服务顾问张良,您预约明天下午两点来我店做4万公里的保养,我们已经为您做好相关准备工作,想提前与您确认一下,您明天能准时过来吗?"

"×先生/女士,如果您临时有事,改变计划,请您尽早电话通知我们,我们将为您重新安排维保时间和工位,谢谢您的配合,祝您生活愉快,再见!"

(3)提前一小时与客户联系,进行预约确认,减少失约客户。

话术:

"×先生/女士,您好,我是宁城院汽车4S店的服务顾问张良,您预约了今天下午两点来我店做车辆的基础保养,届时恭候您的光临!"

(4)客户到达之前,提前15分钟通知维修班组准备工位,同时制作车辆维保预约工单。

(5)如果客户车辆未停在公司规定的维保等候区,应礼貌引导客户把车停放到位。

(6)当维保车辆出现排队情况时,切忌让客户独自等待,出现无人接待的场面,从而影响客户的满意度。解决措施如下:

①对店内人员进行调配,临时增加服务顾问的人员配置数量。

②设置售后服务引导台,当服务顾问比较忙时,由接待人员先将客户引导至客户休息区休息。

③提前把预约名单交给公司保安,客户到店后,及时通知接待人员第一时间到车辆维保区等候。

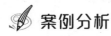
案例分析

在本任务案例中,售后服务部张经理做得好的地方有:

(1)作为汽车4S店售后服务部领导,在发现问题时,没有选择逃避或置之不理,而是及时想办法解决,工作上具备较好的随机应变能力。

(2)体现出为客户服务至上的岗位服务意识,展现了自身良好的职业素养。

售后服务部张经理提出的办法缓解了部分客户的焦虑情绪,但是仍然没有解决客户尤其是已预约客户等待时间长的问题,因此还有改进的空间,建议:

(1)对于客户接待过程中会发生的各种突发情况应提前做好紧急预案。

(2)当服务顾问人手不够时,可以临时调配本部门其他服务人员参与辅助工作,加快服务进度,解决实际问题。

(3)对预约和非预约车辆进行区分,让预约车辆先进行维保服务,体现预约服务工作的合理性和必要性。

实战演练

1. 情景模拟

模拟服务顾问接待到店客户进行车辆维保的工作情景,练习客户接待礼仪和主要包含电话预约礼仪、客户接待准备礼仪、售后服务接车礼仪。

2. 演练内容

(1)学生以小组为单位,按照到店维保客户的接待情景,分配组员进行角色扮演,模拟服务顾问接待到店客户进行车辆维保的完整过程,重点演练客户接待礼仪。

(2)在情景演练中,服务顾问可同时接待一位或多位客户,在接待过程中注意照顾到每一位客户,不要冷落陪同前来的客户,组员之间要互相配合、互相评价、互相学习。

3. 检查与评估

(1)以小组为单位展示客户接待礼仪的演练成果。

(2)在班级中进行评比并排列名次,记入平时成绩。

(3)由教师点评每组同学的表现,对优点提出表扬,对存在的共性问题进行讲解和总结。

任务二 环车检查礼仪

环车检查礼仪视频

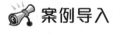 案例导入

王先生是宁城院汽车4S店的老客户,上周到4S店保养车辆的时候碰到一件让他尴尬的事情。车辆保养过程非常顺利,但是当他打开后备箱时发现自己随车配备的小型电动气泵不翼而飞,站在一旁的服务顾问丁力赶紧过来了解情况:"王先生,您再回忆一下,

是否确认后备箱里有气泵。"王先生挠了挠头:"我记得一直都在后备箱的,要不我打电话问一下我老婆最近拿过没有?"丁力见状说:"好的,您先确认一下,如果还不行的话,我们可以为您去调出现场视频具体查看一下。"王先生打完电话后,不好意思地说:"非常抱歉,是我老婆拿去用了,我错怪你们了。"丁力松了一口气说:"没事就好,怪我没有提醒您仔细检查一下车内物品。"

想一想:你觉得这场误会是怎么造成的?能够避免吗?

 知识链接

汽车售后服务过程中,在客户车辆进入维修车间之前,服务顾问必须与客户一起对车辆进行环车检查,主要目的如下:

(1)记录车辆当前的损伤情况以及已经损坏和遗失的部件,提醒客户带走存放在车内的贵重物品,从而有效地避免汽车4S店和客户之间产生不必要的误会或纠纷。

(2)发现客户一些没有察觉的维保需要,并实施提醒义务,如车身划伤或压痕、轮胎异常磨损、雨刮器刮片磨损、刹车片和刹车盘的过度磨损等,如图6-2-1所示。

图6-2-1 环车检查礼仪

一、环车检查礼仪要点

在进行环车检查时,服务顾问须注意以下礼仪要点:

(1)环车检查时服务顾问需要注意手势和姿态的规范性。

(2)多与客户进行眼神交流、适时提问和倾听,以提高沟通效率。

(3)仔细倾听客户对车辆故障的描述以及车辆维保需求。

(4)与客户确认车辆外观和内部的问题,详细、准确地填写《接车问诊单》。

(5)进入车内检查之前,要为车辆套上防护四件套,并记录下仪表盘上的公里数和油量。

(6)提醒客户检查车内是否有贵重物品,并注意随身携带。

二、环车检查礼仪规范

在环车检查过程中,服务顾问应着装得体,笑容亲切,擅长用微笑和眼神与客户交流,目光自然平和地注视客户,表达对客户的尊重和重视;在与客户交谈时,擅长使用洽谈礼仪和沟通技巧,做到细致和周到,营造良好的交流氛围。

服务顾问引导客户一起进行环车检查时,应遵循以右为尊的原则,站在客户的左边,注意与客户保持一臂距离,正确运用手势礼仪引领客户:"×先生/女士,我们一起来看一下您的车,您这边请。"环车检查方位如图6-2-2所示。

图6-2-2 环车检查方位图

1. 车内部

服务顾问在进行车内部检查时,应遵循以下步骤进行:

(1)用保护手势打开车门:"×先生/女士,您小心!我现在要打开车门""×先生/女士,我现在准备检查车辆内部,为了保护您的爱车,我为您套上防护四件套。"说完后当着客户的面使用防护四件套,包括一次性座套、一次性脚垫、一次性方向盘套、一次性排挡杆套,以保证车辆在整个维保过程中内部整洁,如图6-2-3所示。

(2)贵重物品提示:"×先生/女士,请您仔细检查一下车上是否有贵重物品,贵重物品请随身携带。"着重请客户检查前后座椅、仪表台上、收纳箱、后备箱等处是否有遗留的贵重物品。

(3)展现服务顾问的专业性,详细问诊,核实发动机号、底盘号和以前的维修记录,核实里程度数,记录燃油量,检查仪表板和电气元件的工作状况,如图6-2-4所示。例如:"×先生/女士,您车辆仪表盘当前显示的里程数是25368 km,燃油量大约处于五分之一的位置,燃油量过低会导致燃油泵过热而损坏,建议您尽快去加油站加油。""×先生/女士,请您出示一下行驶证和保养手册,我帮您登记一下。"

(4)在从车里出来之前,记得释放引擎盖拉锁和所有门锁,以方便下一步检查。

项目六 售后服务礼仪

图6-2-3 防护四件套礼仪

图6-2-4 记录礼仪

2. 左前方位

服务顾问从车内出来后,以保护手势关闭车门:"您小心!我要关上车门了。"然后引领客户一起检查车辆的左侧。此时,服务顾问应以标准站姿和蹲姿进行检查,发现问题时,与客户确认后记录在问诊单上,如图6-2-5所示。例如,"×先生/女士,您爱车的左后视镜外壳有点破损,如果下雨天会通过连接处将雨水倒入车门,损坏车门里面的电路,影响汽车的正常使用,建议您及时修补。您看这次需要在店内修补吗?"

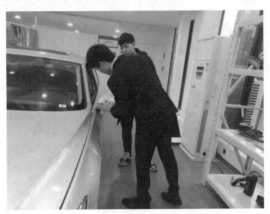

图6-2-5 左前方位检查礼仪

3. 正前方位

服务顾问引领客户来到车辆正前方,用保护手势打开引擎盖:"×先生/女士,我现在要打开引擎盖,请您当心。"

服务顾问采用半蹲姿势进行检查,发现问题时,及时向客户指出,与客户确认后记录在问诊单上,如图6-2-6所示。例如,"×先生/女士,您看您的冷却液已经低于最小刻度了,稍后在维保过程中我们会免费为您添加到正常液位。"

检查完毕后,用保护手势关闭引擎盖:"×先生/女士,我现在要关上引擎盖,请小心。"

图6-2-6 正前方位检查礼仪

4. 右前方位

服务顾问引领客户来到车辆右前方,采用标准蹲姿进行检查,注意高腿侧面向客户,发现问题时,及时向客户指出,与客户确认后记录在问诊单上,如图6-2-7所示。例如,"×先生/女士,您看这边的轮胎表面出现了偏磨现象,建议您在做好四轮定位之前先不要上高速公路,避免行车危险。您看这次需要做四轮定位吗?"

图6-2-7 右前方位检查礼仪

5. 右后方位

服务顾问引领客户来到车辆右后方,同客户一起检查,发现问题时,及时向客户指出,与客户确认后记录在问诊单上,如图6-2-8所示。例如,"×先生/女士,您看一下右后车门处有一处较深的划伤,请您确认一下,最近阴雨天很多,建议您尽快补漆以防生锈。"

项目六 售后服务礼仪

图 6-2-8 右后方位检查礼仪

6. 正后方位

服务顾问在打开后备箱时,注意提示客户后退一步,以防止碰头或沾染灰尘:"×先生/女士,我现在要打开后备箱,请您当心。"检查发现问题时,与客户确认后记录在问诊单上,如图 6-2-9 所示。例如,"×先生/女士,您的随车工具中缺少了三角警示标志,请您及时补上。为了您的安全考虑,建议您可以随车携带一个小型灭火器,以备不时之需。"

图 6-2-9 正后方位检查礼仪

检查完毕后,关闭后备箱时要提醒客户:"×先生/女士,我现在要关上后备箱盖,请小心。"

7. 左后方位

服务顾问引领客户来到车辆左后方,检查后没有发现什么问题,如图 6-2-10 所示。此时可以适当进行寒暄:"×先生/女士,您的爱车总体保养还是非常不错的,看来×先生/女士平时非常爱护自己的车辆哦。"

图 6-2-10 左后方位检查礼仪

8. 左前方位

服务顾问完成环车检查后,引领客户回到汽车的左前方位置,向客户总体报告一下检查结果:"×先生/女士,通过检查发现您的爱车左后视镜壳出现破损,右后车门有一处划伤,右前轮胎出现偏磨现象,建议您及时处理,冷却液有点少了,保养过程中会为您免费加注,您看有无异议?如果没有,请您在《接车问诊单》上签字确认一下,谢谢。"

待客户签字确认后,服务顾问温馨提醒客户:"×先生/女士,请您把车钥匙交给我,等会儿我帮您把车辆开进维修车间。"交接钥匙时注意上身微向前倾,用双手接过客户钥匙,如图 6-2-11 所示。随后采用标准引领姿势:"×先生/女士,请随我一起去维保服务接待站,我们将对您车辆的维保项目进行确认和制单,您这边请。"一边走一边对客户说:"×先生/女士,我们店提供免费洗车服务,洗车大约需要 20 分钟的时间,请问您是否需要这项服务呢?"

环车检查礼仪视频可通过扫描本任务二维码学习。

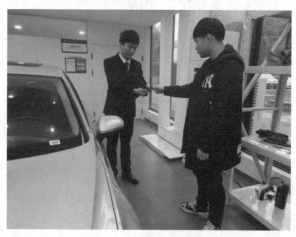

图 6-2-11 交接钥匙礼仪

三、环车检查礼仪注意事项

服务顾问在进行环车检查时,有以下注意事项:

(1)环车检查前,要当着客户的面铺设防护四件套,即使客户说不用了等客气话,也要坚持按照汽车4S店的标准环车检查礼仪进行操作。

(2)环车检查前,务必提醒客户取走车内的贵重物品。

(3)环车检查过程中,切忌服务顾问自顾自检查,全程与客户无互动。

(4)服务顾问切忌在沟通过程中面无表情,缺乏眼神交流,给客户留下冷漠、服务态度不佳的印象。

(5)在环车检查过程中注意手势的运用,随时注意对客户的引领和提示。

(6)环车检查时,漆面划痕、损坏必须当面给客户指出。

(7)详细、准确地填写《接车问诊单》,并请客户签字确认。

 案例分析

造成这场误会的根本原因在于服务顾问丁力在环车检查过程中漏掉了一个非常重要的环节:提醒客户检查车内是否有贵重物品,并注意随身携带。因此作为服务顾问一定要严格遵守环车检查礼仪,疏忽任何一个小的环节都会给服务过程带来隐患,给客户留下不良印象,处理不当时还会影响到公司声誉。

实战演练

1. 情景模拟

在车辆维保接待站,服务顾问引导客户一起进行车辆的检查,在检查过程中要充分展现服务顾问的环车检查礼仪。演练礼仪流程如下:

(1)服务顾问邀请客户一起对车辆进行检查。

(2)在车辆不同方位上对车辆进行全方位检查,检查过程中要求服务顾问全程与客户交流互动。

(3)服务顾问发现车辆问题时,当面向客户指出。

(4)服务顾问准确填写《接车问诊单》并交给客户签字确认。

2. 演练内容

(1)学生以小组为单位,按照环车检查情景,分配组员进行角色扮演,模拟服务顾问与客户一同环车检查的完整过程,重点演练环车检查礼仪。

(2)在情景演练中,服务顾问与客户一起环车检查时,应注意关注各种礼仪细节,照顾好客户的情绪和安全,组员之间要互相配合、互相评价、互相学习。

3. 检查与评估

（1）以小组为单位进行环车检查礼仪演练成果展示。

（2）在班级中进行评比并排列名次，记入平时成绩。

（3）由教师点评每组同学的表现，对优点提出表扬，对存在的共性问题进行讲解和总结。

任务三 报价与交车礼仪

客户休息区接待礼仪视频

案例导入

客户王先生周六下午两点来到宁城院汽车4S店做车辆4万公里保养，来的前一天曾与店内的服务顾问丁力电话预约过，因此，王先生到店后，丁力热情地接待了王先生。在对车辆进行环车检查后，丁力进入"汽车售后服务管理系统"仔细查看了王先生车辆之前的维保记录，对照客户的《车辆维护保养手册》和之前的维保记录，列出了车辆本次需保养的相关项目以及费用清单，制订了一份《车辆维保任务委托书》递给王先生查看。王先生看完后表示项目太多，花费太高，希望减掉其中一些项目。丁力听后没有急躁，首先告知王先生这次车辆的4万公里保养属于车辆大保，因此保养项目会比较多，保养费用也偏高，随后对照《车辆维保任务委托书》中所列出的维保项目，耐心地向王先生一一说明每个项目的必要性，特别是对涉及到驾驶安全性的几个项目进行了重点说明。王先生听完后表示了赞同，保留了与安全相关的几个项目，但仍然坚持减掉了其他两个推荐项目。丁力接受并尊重王先生的意愿，重新打印了一份新的《车辆维保任务委托书》，让王先生过目后签名确认。

想一想： 请分析服务顾问丁力在向客户确认维保项目时的报价礼仪有什么值得借鉴和需要改进的地方？

知识链接

车辆维保服务的报价与交车过程是汽车售后服务过程中的一个重要环节。诚实可信的报价礼仪和人性化的交车礼仪能为汽车4S店争取到更多的回头客。在该过程中，服务顾问应注意以下两个方面的礼仪规范。

（1）在报价礼仪中，服务顾问向客户推荐维保项目时应充分体现出实事求是和诚恳的态度，严格按照《车辆维护保养手册》和之前的维保记录客观地向客户推荐维保项目，主动告知客户目前店内有哪些优惠活动可以参与，让客户感受到服务顾问是站在客户角度为客户争取正当的利益，从而在情感上对服务顾问增加认同感和信任度。

（2）在交车礼仪中，服务顾问在将车辆交给客户之前应该对车辆进行仔细查验，交车过程中需要耐心陪同客户一起检验车辆。结算礼仪是交车礼仪中的重要组成部分，服务顾问在为客户车辆结算时,应主动按照店内的优惠政策给予客户适当的折扣,让客户享受到价格上的优惠福利,实惠的价格能让客户增加对汽车 4S 店服务的满意度,感受到服务顾问的贴心服务。

一、报价与交车礼仪要点

在报价与交车过程中,服务顾问应注意以下礼仪要点:

(1)在向客户推荐车辆维保项目时,服务顾问应严格对照《车辆维护保养手册》的要求和以往的维保记录向客户推荐。

(2)当客户对维保项目产生质疑时,服务顾问应耐心的给予专业解释,并尊重客户的决定。

(3)报价时,服务顾问应严格按照收费标准以及折扣标准进行收费,让客户感受到服务顾问的真诚。

(4)交车前,服务顾问应根据《车辆维保委托书》中列举的维保项目对车辆进行细致的查验。

(5)交车时,服务顾问应耐心地陪同客户一起检验车辆的维保情况。

(6)结算时,服务顾问应将《车辆维保结算单》打印出来请客户核对,当客户提出疑问时应耐心解答。

(7)结算后,服务顾问应陪同客户到收银处,向收银员说明付款总额和付款方式,如图 6-3-1 所示。

图 6-3-1 报价礼仪

二、报价礼仪规范

1.引领客户礼仪

当客户到店进行车辆维保时,服务顾问应按以下步骤进行引领。

(1)服务顾问引导客户来到维保服务接待前台,照顾客户入座。

(2)向客户获取车辆行驶证及车辆保养手册。

2. 确认车辆维保项目礼仪

1)需要维修的车辆

(1)对于可以立即确定故障的车辆,根据车辆质保规定,服务顾问需要向客户说明车辆的维修项目以及这些项目是否属于车辆质保范围。例如:"×先生/女士,经过我们店维修技师的检查诊断,您的车辆故障是由2号点火线圈故障造成的,您的爱车目前已经使用5年时间,点火线圈的3年质保期已过,需要您自费进行更换。"

(2)对于不能立即确定故障的车辆,服务顾问需要向客户解释车辆须经专业维修技师检查后才能确定具体的维修项目。例如:"×先生/女士,您的车辆故障将由我们店专业的维修技师检查诊断后才能确定,请您耐心等待一下,结果一出来我会立即通知您。"

2)需要保养的车辆

(1)服务顾问查看"汽车售后服务管理系统"内的客户车辆维保档案,掌握车辆之前的维保情况。

(2)根据《车辆维护保养手册》和之前的维保记录,服务顾问应秉持诚信客观的态度向客户推荐相关维保项目,对于未按时保养的项目需要向客户特别询问,例如,"×先生/女士,夏天来了,天气热起来了,您的维保记录上显示您上次来店保养时空调滤芯没有更换,这期间您有自行更换过吗?如果没有,建议您本次及时进行更换,否则对您的健康会有影响哦。"

(3)向客户推荐维保项目时,需要说明项目的主要功能,能给车辆带来什么好处,同时将《维保项目价格表》上的项目价格公开展示给客户,并向客户说明项目费用情况。

(4)当客户对其中某些维保项目产生质疑时,服务顾问应耐心的给予专业解释,特别是涉及到驾驶安全的一些维保项目,应向客户重点加以说明,例如,"×先生/女士,您车辆前轮的刹车片已经严重磨损了,建议您及时更换,否则会影响到行车安全。"若客户坚持不同意修复,应请客户在《车辆维保委托书》的相应维保项目栏中签字确认。

(5)充分尊重客户的意见,与客户协商确定最终要做的维保项目,并请客户在《车辆维保委托书》上签名确认。

3. 预估费用和完工时间礼仪

(1)在电脑的"汽车配件库存管理系统"中查询店内汽车配件的备品库存,确定是否有所需备品。例如,"×先生/女士,非常抱歉,经过配件系统查询,目前您爱车的维修配件暂时缺货,我们会尽快为您调货,预计在一周内能到位,希望您能够耐心等待""×先生/女士,在您等待这段时间里,我们4S店将为您提供一辆代步车供您使用,谢谢您的理解和支持。"

(2)将所有维保项目及所需备品录入到"汽车售后服务管理系统"中,进一步完善客户车辆维保档案。

(3)尽量准确地对维保费用进行估算,并将维保费用按工时费和备品费进行细化。

(4)对于车辆暂时不能确定的收费,应提前告知客户:"×先生/女士,您的车辆维修费用需要等待车辆故障确定后才能进行估算,请您耐心等待一下,有结果我会立即通知您。"

(5)根据维修项目所需工时以及店内维修工位实际情况预估车辆维保的完工时间。例如:"×先生/女士,您的爱车维保加上清洗车辆大约需要 2 小时时间,您可以先到我们的客户休息区休息一下,维保完成后我们会第一时间通知您。"

4. 服务事项说明礼仪

(1)服务顾问向客户详细说明交车程序,并询问客户旧件处理方式:"×先生/女士,您更换下来的老配件我已经为您打包处理,您需要带走吗?"

(2)服务顾问贴心向客户询问:"×先生/女士,我们店提供免费的洗车服务,您的爱车维保完成后可以为您进行免费清洗,大约需要 20 分钟的时间,您看您需要吗?"

(3)服务顾问将《接车登记表》和《车辆维保委托书》的客户联等文件资料放在文件袋中交到客户手中:"×先生/女士,车辆的维保文件帮您统一放在这个文件夹中,方便您保存。"

(4)如果车辆在维保过程中产生新的维保项目,服务顾问应及时与客户联系并沟通,例如:"×先生/女士,车辆维保过程中如果有项目发生变化,我会提前与您沟通确认,请您放心。"

5. 安排客户休息礼仪

当客户车辆送入维修车间进行维保之后,主动询问客户是否需要在店内等候。

1)需要店内服务

服务顾问应将客户带到客户休息区,端上茶水饮料,并介绍休息区情况:"×先生/女士,我们店提供免费 WiFi,可以扫码登陆,密码是 123456""×先生/女士,这边是我们维修车间的监控屏幕,您可以实时观看您爱车的维保情况和维保进度",等车辆维保完成后立即通知客户,整个服务过程应始终表现得耐心、细心、贴心和彬彬有礼。

2)不需要店内服务

服务顾问应主动送客户到店门口,并告知:"×先生/女士,维保过程中如果出现有关车辆方面的事宜需要沟通,我们会打电话给您,不会擅做决定,请您放心。""×先生/女士,您去专心办事,等车辆维保完成后我们会第一时间电话告知您,请您放心。"

6. 报价礼仪注意事项

(1)服务顾问在向客户推荐维保项目时,态度要客观真诚,主动为客户提供优惠方案。

(2)当客户对推荐项目提出异议时,服务顾问应耐心地与客户沟通交流;当客户坚持已见时,不应与客户过多争辩,注意做好签字确认工作。

(3)服务顾问在为客户报价过程中,要细心,避免出现报价错误的现象,要贴心,在政策允许条件下主动为客户打出折扣价。

(4)车辆在维保过程中发生维保项目变化时,服务顾问只有在征得客户的同意并授权后才能继续下一步的工作。

三、交车礼仪规范

1. 交车准备礼仪

(1)维修人员将车钥匙及《车辆维保委托单》《接车问诊单》等物品移交维修主管,并通知服务顾问车辆已维修完成。

(2)维修主管将车钥匙交给服务顾问并告知具体停车位置。

(3)由服务顾问将车辆开到洗车处,进行车辆清洗工作。

2. 内部交车礼仪

(1)服务顾问检查《车辆维保委托单》以确保客户委托的所有维修保养项目的书面记录都已完成,并有维修人员签字。

(2)实车核对《车辆维保委托单》以确保客户委托的所有维修保养项目在车辆上都已完成。

(3)确认故障已消除,必要时试车。

(4)确认从车辆上更换下来的旧件。

(5)确认车辆内外清洁度(包括无灰尘、油污、油脂)。

(6)除检查车辆外观外,还应确保车内无遗留抹布、工具、螺母、螺栓等物品。

3. 预约交车礼仪

(1)检查完成后,立即与客户取得联系,告知爱车已维保完成。

(2)与客户约定交车时间。

①如客户已在客户休息区等待,服务顾问可以直接到休息区当面告知并引领客户前往交车地点。

②如果客户外出办事未在店中,服务顾问立即拨打客户电话告知车辆已维保完毕,约定交车时间。

4. 陪同客户验车礼仪

(1)服务顾问陪同客户查看车辆的维修保养情况,依据《车辆维保委托单》及《接车问诊单》,向客户进行维保情况说明。

(2)向客户展示更换下来的旧件。

(3)说明车辆维保建议及车辆使用注意事项。

(4)说明胎压、灯光、刹车片、随车工具等已检查并告知检查结果。

(5)向客户展示车辆内外已清洁干净。

(6)当着客户的面取下四件套,放入回收箱内。

5. 结算说明礼仪

(1)引领客户到维保服务接待前台,请客户坐下。

(2)将《车辆维保委托单》上的已维修项目向客户说明,并记录到《车辆维修结算单》上。

(3)服务顾问对照《维保项目价格表》,向客户说明项目收费标准和收费金额等情况。

(4)待客户清楚了解并认同所有费用后,打印《车辆维保结算单》,请客户过目后在结算单上签名确认。

(5)将下次保养的时间和里程记录在车辆维修结算单上,提醒客户按时进行保养,每行驶 6 个月或 5000 公里(两者以先到达为准)需要进行一次保养,同时温馨提醒客户:"×先生/女士,下次保养到期时,我们 4S 店会用短信的方式提醒您来店保养,请您到店前一天电话与我们预约,可以享受工时费打 9 折的优惠哦!"

(6)与客户确认方便接听电话的时间并记录在《车辆维保结算单》上,同时告知客户:"×先生/女士,3 天内会有总部售后回访电话请您配合接听一下,如果您对我们的服务满意的话请给一个'10 分'好评,谢谢!"

6. 结帐礼仪

(1)服务顾问陪同客户到收银台结账,并向收银员介绍:"这位是我们店的老客户×先生/女士,需要开具车牌/个人发票。"

(2)收银员起立,微笑向客户问好:"×先生/女士,您好!"

(3)收银员与客户确认账单并询问付款方式:"您本次维修/保养费用是×××元,请问您是使用支付宝、微信支付还是刷卡支付呢?"

(4)收银员唱收唱付:"收您×××元,请您出示支付二维码/输入密码,谢谢!"

(5)收银员将结算单、发票等叠好,注意叠放时应将发票放在上面,收费金额朝外正向面对客户:"这是本次维修/保养的发票,发票金额×××元,按照您的需求抬头是车牌/个人,请您核对。"

(6)收银员将出门凭条放在叠好的发票等上面,统一装在印有汽车 4S 店名称的信封中,双手递给客户并致谢:"×先生/女士,感谢您的光临,祝您用车愉快!"

7. 送别礼仪

(1)结算完成后,服务顾问引领客户回到交车区。

(2)服务顾问将车钥匙、行驶证、保养手册等相关物品交还给客户。

(3)服务顾问向客户递送自己的名片:"×先生/女士,后期车辆有什么问题或维保方面的需求您可以随时联系我。"

(4)询问客户是否还需要其他服务。

(5)服务顾问主动为客户打开车门,照顾客户进入驾驶室,并向客户表示感谢。

(6)服务顾问向客户道别并挥手目送客户离店。

案例分析

服务顾问丁力在与客户确认维保项目时,较好地履行了服务顾问应尽的职责,较好地展现了服务顾问的报价礼仪,具体表现在以下方面:

(1)环车检查完成后,严格对照《车辆维护保养手册》向客户推荐当前车况下车辆需保养的相关项目并列出费用清单。

(2)当客户王先生表达异议时,服务顾问丁力非常耐心地向客户说明《车辆维护保养手册》上车辆的维保要求并耐心讲解了车辆按时做这些项目保养的重要性和必要性。

(3)客户王先生听完后并没有全盘接受,仍然去掉了其中两个自认为不是非常重要的推荐保养项目,服务顾问丁力这时没有强求客户,表示尊重客户意愿,让客户真正感受到了服务顾问的真诚服务。

服务顾问丁力在与客户确认维保项目时,在报价礼仪方面仍然有需要改进的地方:

(1)服务顾问丁力在环车检查完成后,应先向客户说明一下本次保养的性质,由于是大保,因此保养项目会比较多,价格会偏高,让客户提前在思想上有所准备,心理上有一个接受的过程。

(2)接下来服务顾问丁力不应急于制订《车辆维保任务委托书》,而应继续向客户说明依照《车辆维护保养手册》中的要求,本次车辆需要做的一些维保项目,并耐心讲解车辆按时做这些项目保养的重要性和必要性,让客户在做出决定之前对这些维保项目有一个比较清楚的了解。

(3)最后征求客户意见,选定需要做的维保项目,与客户一起协商制订出一份双方都认同的《车辆维保任务委托书》,进而展现出服务顾问完美的报价礼仪。

实战演练

1. 情景模拟

在服务顾问向客户报价维保项目与交车时,充分展现出良好的报价与交车礼仪,并达到以下要求:

(1)以《车辆保养手册》和之前的维保记录为依据向客户推荐车辆维保项目,耐心讲解每个项目的作用和对车辆带来的好处。

(2)依照《维保项目价格表》向客户细心说明每一个项目的收费标准。

(3)在维保项目和价格上与客户达成一致后签订《车辆维保委托单》。

(4)交车时要贴心陪同客户一起验车。

(5)维保服务结算时用心与客户一起核实《车辆维保结算单》中各维保项目及收费情况。

2. 演练内容

(1)学生以小组为单位,按照报价与交车情景,分配组员进行角色扮演,模拟服务顾问向客户报价与交车的过程,重点演练报价与交车礼仪。

(2)在情景演练中,服务顾问向客户报价与交车时,应注意充分尊重客户意见,组员之间要互相配合、互相评价、互相学习。

3. 检查与评估

(1)以小组为单位进行报价与交车礼仪演练成果展示。

(2)在班级中进行评比并排列名次,记入平时成绩。

(3)由教师点评每组同学的表现,对优点提出表扬,对存在的共性问题进行讲解和总结。

项目七　汽车会展礼仪

学习目标

1. 知识目标

(1)了解会展礼仪在汽车展览会中的作用。

(2)掌握汽车会展礼仪的基本要求。

(3)熟练掌握汽车展览会筹备、策划和实施礼仪规范。

2. 技能目标

(1)能够在汽车展览会中正确应用汽车会展礼仪。

(2)能够严格遵守汽车会展礼仪各项要求。

(3)能够按照汽车会展礼仪规范成功举办汽车展览会。

3. 素质目标

(1)培养学生良好的汽车会展礼仪意识。

(2)培养学生拥有举办大型活动的礼仪素养。

案例导入

刘先生近日喜得一对龙凤胎,打算请父母过来帮忙,为了方便全家出行,想添置一辆容积大的新车。经过比较,刘先生定下的目标是购买一辆车内空间宽敞的商务车,他听朋友说周末在会展中心有一个汽车展览会,于是打算抽空带家人一起去看一下。

汽车展览会上刘先生一家浏览了好几个品牌的商务车,觉得都挺不错的,各自都有让人心动的点,因此始终拿不定主意。当他们一家走进上汽大众汽车的展位时,接待他们的是一位姓杨的销售顾问,小杨亲切地向他们问好,并热情地照顾他们入座、递上茶水,让刘先生一家感觉非常的贴心。仔细听完刘先生一家的想法和要求后,小杨带他们参观了上汽大众最新推出的七座商务展车,邀请刘先生一家上车体验并为他们讲解示范。对刘先生一家提出的各种问题,小杨都耐心、形象、深入浅出地给予了回答,并根据刘先生一家的实际情况向他们推荐了一套最佳的购车方案。刘先生还特别注意到,在上下车的全过程中,小杨都会主动打开车门并特意用手护住门框防止他碰头。在整个车辆体验的过程中,双方沟通非常顺畅,气氛也很和谐,通过小杨的讲解和示范,刘先生一家对上汽大众商务车有了较为详细全面的了解,在刘先生比较关心的车辆售后服务方面,小杨也耐心地阐明了上汽大众公司客户至上的服务理念和服务流程。刘先生一家对小杨的服务感到非常满意,于是现场下订单购买了一辆上汽大众商务车。

想一想: 在汽车展览会上,销售顾问小杨是如何成功地让刘先生一家下定决心并购买大众车型的?

任务一 汽车展览会的认知

一、汽车展览会的意义

1. 推广汽车品牌

汽车展览会是由政府机构、专业协会或主流媒体等组织,在专业展馆或会展中心进行的汽车产品展销会或汽车行业经贸博览会等活动。车展是商家用来推广自己厂家生产出来的车辆品牌和各款车型的一个非常大型便利的促销平台。

2. 扩展客户群体

当客户走过汽车展厅,凭什么留住客户的脚步和摇摆不定的心呢?车展上的客户可以分为不同类型,每种客户都有不同的特征,我们只有知道了这些客户的基本特征,才能在销售过程中做到精准定位。

1)现场购买类型

这类客户在前期已经看好某款车型,来车展主要是想获得更大的价格优惠,期望能有更大力度的促销活动,如果达成心愿,基本上会当场签单购买。对于此类有兴趣购买的客户应加速处理,积极地跟进和沟通,取得客户的信任后,尽快将客户过渡到下一阶段。

2)犹豫购买类型

这类客户有购车意向,但是还在几个车辆品牌之间犹豫,还没有做出最后选择,来车展主要想看看各个品牌的促销力度,现场感受和比较不同车型的性能配置,此类型的客户是很容易转化成现场订购类型的。在这种情况下,特别能体现汽车销售顾问的服务水平,服务到位的品牌往往成为最后的赢家。对于这类客户不能急于求成,要与客户充分沟通,了解客户的需求、兴趣,拉近与客户的距离,帮助客户理清购车思路,确定购车品牌。

3)潜在购买类型

这类客户的购车时间可能会拖的比较长,通常在两三个月甚至半年以后,但是一定是有买车意向的,只是当前还处于观望和比较阶段。对于这类客户我们要以建立良好关系为目标,不要轻易放弃此类客户。展会当天注意记录客户相关信息,后续要定期与客户保持联络,及时向客户传递最新产品信息,争取将客户发展为公司的忠实客户。

4)不愿购买类型

这类客户一般态度比较强硬,作为销售顾问,要注意倾听,打开客户的心理防线,了解客户不愿购买的原因,尤其是针对产品性能配置方面的问题,一定要向客户做好解答工作,并将客户的反馈及时记录下来,集中汇总给公司技术部门,以便改良产品或开发新产品。只有更好的服务和产品质量才能最终赢得客户。

3. 提升企业形象

在当前的大背景下,各个汽车服务企业,都把提升企业形象和服务规范、提高客户满意度、服务成功率,作为企业文化和制度建设的重要内容,以提升企业核心竞争力和美誉度,因此,在颇具影响力的大型汽车展览会上展现企业的汽车服务礼仪就成了提升汽车服务企业核心竞争力的重要措施。

二、汽车展览会的特点

1. 营销成本低

据英联邦展览业联合会调查,通过汽车销售顾问利用推销、广告、公关等营销渠道收获一个客户,平均成本219英镑;通过汽车展览会收获一个客户,平均成本35英镑,仅为前者的1/6。

2. 信息交换快

汽车展览会可以视为一个汽车综合信息市场,汽车的大量信息在这里可以得到快速交换。会展活动能为参加车展的汽车厂商提供展示汽车产品的机会,客户可以在展会上非常方便的集中比较不同汽车产品的性能、价格等方面的差异,快速作出购车意向,从而有效促进汽车产品销售成交量的增长。

3. 信息传递新

汽车展览会能提供给汽车厂商展示和推广公司新产品的平台,通过展示新产品的最新科技成果,让更多的客户群体了解到以前未曾关注过的汽车新配置和新功能,从而有效地刺激客户的消费欲望,提高客户的消费水平。

三、汽车展览会的作用

1. 广泛的信息交流与沟通

汽车展览会具有车市风向标的作用,能充分展现未来汽车发展的方向,同时可以为展会举办者、参展商和客户之间提供彼此信息交流与沟通的机会,成为短时间内快速促使成交的交易中心。

通常在短短几天的展会期间,汽车参展商可以在有限的时间内广泛地接触客户,客户可以在有限的空间里广泛地了解各种汽车产品。汽车参展商可以在客户表示出购车兴趣时抓住机会开展推销、洽谈工作,顺利完成了解客户需求、介绍产品情况、交流产品信息、建立客户联系、与客户签约成交等一系列销售过程,汽车展览会在其中都起到了非常重要的桥梁作用。

2. 快速提供供需信息,孕育无限商机

汽车展览会可以通过现场洽谈,让供需双方充分了解对方的信息和需求,还能通过现场汽车产品的实物体验,直接和迅速地促成供需双方达成商务合同,因此在汽车展览会这个市场中孕育着无限的商机。汽车展览会具备的几个功能如下:

(1)作为广告工具,汽车展览会可以作为媒介将车辆信息针对性地传送给有购车需求的客户,让客户在短时间内迅速了解和接收不同品牌车辆的信息。

(2)作为促销工具,汽车展览会可以直接通过汽车实物集中展示的方法吸引客户的注意力,刺激客户的消费和购买欲望。

(3)作为公共关系工具,汽车展览会可以在短时间内向客户传递公司的企业文化和服务理念,快速树立和提升公司的形象。

任务二 汽车会展筹备礼仪

举办汽车展览会应从客观条件、主观因素等诸多方面进行汽车会展筹备工作,以确保汽车展览会的顺利进行。在筹备过程中,对会展活动中的各个环节、细节都要考虑周到,避免出现任何差错。周全考虑,不仅指要考虑会展的各项流程,还包括对一切可能影响汽车展览会顺利举行的因素进行充分考虑,比如天气的晴雨、气温的高低等,都会对前来参展的客户带来一定的影响。

一、汽车展览会的目标

汽车展览会的目标是多层次的,包含多个方面,具体如下:

(1)利用汽车展览会展示未来的汽车发展趋势,包括汽车品牌的最新研究成果。

(2)通过汽车展览会使消费者在短时间内快速了解不同品牌的汽车及相关产品,轻松找到自己心仪的车型。

(3)汽车展览会旨在帮助汽车制造商宣传产品的设计理念,发布产品信息,提高品牌的知名度。

二、汽车会展接待礼仪规范

1. 安排有序

每个服务人员在汽车展览会活动过程中要承担什么角色,要负责什么岗位都需要提前分配好,不要在服务客户时出现混乱现象。

2. 行为规范

所有参加接待的服务人员应按标准的行为规范来引导和服务客户,依照不同的岗位要求使用统一的服饰、统一的礼貌用语、统一的行走站立姿势,使客户感受到所有的服务人员都是专业和训练有素的。

3. 态度真诚

在接待客户的过程中要求汽车服务人员要保持诚恳的微笑,亲切的问候,细心的叮嘱和耐心的解说,这是汽车展览会对服务人员最基本的要求。

4. 拥有能力

服务人员接待客户时应具备一定的职业能力,比如:随机应变的能力、交流沟通的能力和解决问题的能力。

5. 富有特色

根据汽车展览会的活动形式和内容,可以将礼仪工作围绕一个主题设计得富有特色、富有个性,让前来参展的客户能够耳目一新、眼前一亮,对公司的汽车品牌有一个全新的认识和深刻的记忆。

三、汽车会展筹备礼仪规范

汽车会展前应做好充足的准备工作,所需物品、资料需在车展前三天准备到位。会展前期,公司应在车展开始前一周内聘请专业的礼仪培训师对服务人员进行至少两次的礼仪培训,同时举办一次动员大会,对所有参加会展的工作人员进行激励,将所有工作岗位责任落实到个人。

1. 熟悉公司政策

(1)公司应提前一周将本次车辆展览会的促销政策公布给所有的服务人员,以方便他们进行客户邀约。

(2)服务人员应熟悉公司最新出台的车辆促销政策,例如:不同车型的降价额度、现场抽奖、赠送礼品等。

(3)服务人员应清楚掌握针对现场订车客户的优惠政策,例如:现金优惠、订车礼金、现场抽奖、赠送礼券、购车大礼包等。

2. 前期会展准备礼仪

1)会展车辆准备

包含:全车清洁、车辆充电状态、脚垫、车标、车牌、车顶牌等。

2)市场活动物料准备

包含：地贴、道旗、展板、帐篷、桌椅、宣传册、各车型单页及主题物料，与外部人员沟通搭建车展展台、背景板等。

3) 会展保障

包含：饮水机、纯净水、保温壶、一次性纸杯、糖果、咖啡、茶叶等。

4) 销售顾问准备

包含：准备好销售顾问随身携带的文件夹，文件夹里包括车型资料、订单、客户信息表、名片、笔等；还需准备清洁工具，如毛巾、水桶、扫把一套、拖把一套等。

5) 车展前培训

在车展开始之前需要对销售顾问进行集中培训，主要培训车展销售话术，竞品话术，如何快速成交等相对应话术。

6) 会展车辆调车

会展负责人需提前和公司仓库管理人员沟通，准备好会展车辆，分配开车人员，查看会展场地，合理安排车辆摆放位置，统一出发，确保行车安全。

7) 会展人员安排

会展负责人根据会展时间进行人员安排，如：安排每天参加会展的工作人员、服务人员以及夜间值班人员等。

3. 车展现场安排礼仪

车展能否成功举办，主要取决于车展现场安排是否合理，因此，车展负责人需提前安排好以下工作，确保现场工作有序进行。

1) 现场时间安排

(1) 安排所有工作人员车展集合时间。

(2) 安排全体工作人员车展现场早会时间。

(3) 安排场地卫生清洁时间。

(4) 安排车辆清洁检查时间。

(5) 安排车展单页发放时间。

(6) 安排现场人员分批休息时间。

(7) 安排汽车会展当天晚会时间。

2) 现场人员安排

首先确保每个车位都有销售顾问，可以根据现场氛围进行适当调整，例如：当一个车位出现多位客户时，应及时调配销售顾问进行服务，为客户做好陪展工作，同时根据现场客流进行单页的宣传及发放。

3) 现场卫生安排

合理划分卫生区域，例如：根据车型分配车辆卫生到人，除了车辆卫生，还需检查该车型的车标、车牌和车顶牌等，另外需要包干该车型所在地面的卫生清洁等。

4) 现场客户接待安排

销售顾问在接待客户时,应合理利用休息区,注意引导客户进入休息区后,负责给客户倒茶水,与客户在轻松舒适的氛围下进行沟通交流。

5) 用餐时间安排

汽车会展现场服务人员需要分批就餐,杜绝出现客户在无销售顾问陪同的情况下自己看车的情况。

任务三　汽车会展策划与实施礼仪

一、汽车会展策划礼仪规范

1. 明确会展活动的内容主题以及特色

汽车展览会中的不同活动在表现形式上有所不同,因此在接待服务的表现形式上也会有所差异。不同的参展商可以为活动设定不同的主题和风格,比如运动明快风、时尚前卫风、传统商务风、典雅文化风等,服务人员也可以沿用相应的服装和仪态礼仪来接待客户,并借此宣传汽车品牌和展示企业文化。

2. 做好服务人员的工作安排

采用汽车会展礼仪进行客户接待时,只有充分了解汽车展览会活动的程序安排,才能准确安排服务人员的岗位和数量。如果会展活动有重要嘉宾参加,或会展活动的参与人数较多,就需要展会管理者考虑在接待过程中如何提高服务效率,确定在什么时候、哪些地方,安排多少名服务人员以及他们的具体工作任务是什么。

3. 严格规范服务人员的素质

要从职业形象、礼貌待人、沟通技巧等三个方面对汽车服务人员进行培训。

1) 职业形象

一般情况下,要求在展位上的汽车服务人员应当统一着装。全体汽车服务人员应在左胸处佩戴写明公司名称、职务、姓名的工作铭牌,按照会展着装礼仪惯例,汽车服务人员不应佩戴首饰,男士应剃须,保持面容整洁,女士应化淡妆,让人赏心悦目。

2) 礼貌待人

车展一旦开始,参展单位的全体汽车服务人员都应各就各位、站立迎宾。不允许无故脱岗、东游西逛,更不允许当客户来到展位时,不予理睬,怠慢对方。当客户接近展位时,服务人员都要面带微笑,主动向客户说:"您好,欢迎光临!"

3) 沟通技巧

在向客户推荐车辆时,讲究沟通技巧,要实事求是,同时也要注意扬长避短,突出"人无我有"之处,必要时可以为客户进行现场示范或引导客户现场体验。

4. 检查展会活动需要的礼仪用品

检查展会活动中需要用到的各种礼品,如下订单砸金蛋活动、汽车随车用品大礼包、汽车保养券、车展入场券等,这些礼品应该什么时候使用,都要事先与服务人员交代清楚,避免出错。

5. 挑选服务人员的服装类型

服务人员的着装形式根据岗位任务的不同可以是多样的,比如负责迎宾的礼仪服务人员可以穿着富有个性化的服装,吸引客户的目光,彰显会展活动的主题,突显汽车品牌的特色;而汽车销售顾问则应穿着传统的职业套装,以传达庄重和严谨的工作理念。在服装颜色选择上,应考虑会展活动的主题色调,尽可能与之相协调、相呼应。

二、汽车会展实施礼仪规范

当前汽车展览会的活动越来越多,活动规模越来越大,活动形式丰富多彩,活动主题呈现多元化,汽车展览会带来的产品促销效应也越来越突出。规范的服务礼仪能够保证汽车会展活动的有序开展,增加会展活动的影响力和知名度。可以说,良好的服务礼仪是汽车会展业中潜在的发展支撑,也是汽车会展业的根本要求和素质规范,反映了一个企业的精神面貌和服务理念。

1. 加强服务人员会展礼仪培训

(1)通过培训让服务人员除了掌握扎实的会展理论知识,还能掌握规范的会展礼仪知识,懂得如何利用会展礼仪服务客户以达到事半功倍的效果。

(2)通过培训让服务人员学会熟练规范地运用会展礼仪为客户服务,与客户沟通交流,使客户更加信赖产品从而达成合作共识的目标。

因此,参展企业在提高会展活动宽度及深度的同时,不断加强汽车会展礼仪的培训来提升服务人员的职业素养成为会展活动成功举办的关键要素之一。

2. 提供专业的礼仪服务人员

汽车展览会作为一场大型会展活动,需要很多部门的响应与配合,礼仪服务始终贯穿于整个会展活动之中,成为客户与参展商之间有效沟通的纽带。

(1)在汽车展览会的接待岗位上安排数量充足的经过专业培训的礼仪服务人员,做好礼仪服务人员的调配准备工作,用来应对各种突发情况。

(2)礼仪服务人员应始终保持微笑服务,使用标准普通话与客户交流,吐字清晰,语速适中,语调应有适当的抑扬顿挫,让客户感受到热情,拥有宾至如归的感觉。

3. 提供人员向导和标识向导

为了让客户顺利到达活动展位进行参观,在展会礼仪实施过程中应注意设置向导,引导客户到达展位。具体可以采用以下两种方式：

(1)人员向导。通过礼仪服务人员到会场门口迎接客户并引导客户到达活动展位。

(2)标识向导。通过在展会现场设置大量的标识来引导和吸引客户到达活动展位。展会中常用的标识有：

①指示牌：可以放在会场侧墙、地面或头顶，以方便客户快速找到目标品牌的展位。

②广告牌：可以放在会场的门口和展位，向客户提前展示本次活动大力推广的产品和服务。

4. 提供售后服务咨询窗口

在汽车会展的礼仪服务中，品牌售后服务可以反映一个企业的文化和底蕴。虽然汽车参展商在展会上只是暂时停留几天，但是汽车品牌的影响力是长久的，在展会现场可以专门开设售后服务咨询窗口，从礼仪服务的角度耐心为客户讲解本汽车品牌全方位的售后服务保障，让客户在考虑购车计划时无任何的后顾之忧。

三、汽车会展礼仪注意事项

1. 维护好整体形象

汽车会展活动中参展单位的整体形象会在第一时间映入客户的眼帘，它给客户带来的第一印象将直接影响展会的成败。参展单位的整体形象，主要由展车形象与服务人员形象两个部分构成。

1)展车形象

展车形象主要由展车的外观、展车的质量、展车的陈列、展车的布置、发放的资料等构成。展车在外观上要力求完美，在质量上要保证优选，在陈列上要美观、分清主次，在布置上要突出主题、吸引客户的注意力。向客户发放的宣传单页，应印刷精美、图文并茂，并印上参展单位的联络方式，如公司前台与销售部门的电话号码等。

2)服务人员形象

服务人员形象是指直接代表参展单位接待客户的服务人员的外在形象和行为举止。服务人员在外在形象上应注意与自身岗位相契合，与企业文化相契合，与所处环境相契合；服务人员的行为举止要注意在目光表情、举止姿态和言语谈吐方面做到优雅得体。

2. 注意礼貌待客

在汽车展览会上，全体服务人员都应将礼貌待人时刻放在心里，并且落实在行动上，主要表现为：

(1)当客户在本汽车品牌的展位上进行参观时，服务人员可跟随其后，以备对方向自己进行咨询。

(2)如展会现场有些杂乱时，服务人员可以主动引导客户进行参观。

(3)对于客户提出的问题,服务人员应认真作出回答,不能置之不理,或以不礼貌的言行对待客户。

(4)当客户离开时,服务人员应真诚向对方微微欠身,以礼相送:"谢谢光临,再见!"

(5)对于个别不守规矩,不爱护展车的客户,工作人员仍需以礼相劝,必要时可请保安人员加以协助。

3. 善于解说

解说是指参展单位的服务人员运用解说技巧向前来参观的客户介绍或说明展车情况。解说技巧如下:

(1)解说要擅长因人而异,能针对不同的客户需求选择不同的解说内容。

(2)解说要突出自身展车的品牌特色,注意扬长避短。

(3)应一边解说一边示范,与客户充分互动,必要时注意引导客户亲自体验。

(4)解说应当站在客户立场上,突出客户利益,着重推广展车的最新性能配置与最大优势,实事求是,不夸大其词,让客户觉得言之有理,乐于接受。

案例分析

在汽车展览会上,面对众多的车型,刘先生一家一下子拿不定主意,这时,上汽大众公司的销售顾问小杨适时展现了良好的汽车会展礼仪,很好地接待了刘先生一家,为刘先生一家现场订购车辆奠定了基础,主要表现如下:

(1)在接待客户方面,销售顾问小杨做得体贴和周到,对客户表现出尊重和热情,很快拉近了与客户的距离,建立起了良好的客户关系。

(2)在接待过程中,销售顾问小杨没有急于向客户刘先生一家推荐车辆,而是认真倾听客户的购车需求,帮助客户梳理购车思路。

(3)当客户刘先生一家举棋不定时,销售顾问小杨利用自己的专业素养,根据客户的购车需求,为客户进行竞品分析和车辆介绍,同时介绍了大众公司一向非常亲民的售后服务政策,将刘先生一家的疑虑一一加以排除,增加了刘先生一家对大众商务车的了解和信心。

(4)销售顾问小杨在充分听取客户购车意见的基础上,站在客户刘先生一家的立场上诚恳地为客户制定出一套适合客户的性价比最高的购车方案,让客户感到非常满意。

总结:在汽车展览会上,当客户面对众多配置动力相近,价位基本相同的车型时,会产生一定程度的迷茫,如何帮助客户合理选择适合自己的车辆,这时就需要一位专业素养高的汽车服务人员运用良好的汽车会展礼仪,引导客户进行购车,促进销售的成功。

实战演练

1. 情景模拟

布置一个小型的汽车展览会现场,汽车服务人员应展现出周到的会展筹备礼仪,良好的仪容仪表礼仪,贴心的引领服务礼仪,诚恳的沟通交流礼仪,专业的会展接待礼仪。

2. 演练内容

(1)通过抽签的形式,每两组学生同时参与演练,模拟在展会现场接待客户的情景,进行现场 PK,根据不同客户的需求展现出各组的汽车会展礼仪风采。

(2)在情景演练中,应注意充分关注客户的反馈,积极与客户进行互动,组员之间要互相配合、互相评价、互相学习。

3. 检查与评估

(1)以小组为单位进行汽车会展礼仪演练成果展示。

(2)每两组同学现场 PK,在班级中进行评比打分,记入期末考核成绩。

(3)由教师点评每组同学的表现,对优点提出表扬,对存在的共性问题进行讲解和总结。

参考文献

[1] 刘娟,胡锦达,刘时英.汽车服务礼仪[M].北京:航空工业出版社,2017.

[2] 韩洁.汽车商务礼仪[M].2版.北京:机械工业出版社,2022.

[3] 夏志华,姬虹,孔春花.汽车营销服务礼仪[M].2版.北京:北京大学出版社,2016.

[4] 刘易莎,杨运来,钟晓红,曾小山.汽车商务礼仪[M].北京:清华大学出版社,2016.

[5] 王亚维.汽车服务礼仪[M].2版.北京:电子工业出版社,2020.

[6] 牛艳莉.汽车服务礼仪[M].重庆:重庆大学出版社,2017.